"十三五"国家重点出版物出版规划项目

"认识中国·了解中国"书系

中国治理

东方大国的复兴之道

China's Governance

燕继荣 等 著

中国人民大学出版社
·北京·

序言 中国治理的经验

东欧剧变、苏联解体之后，中国国内也曾经流行一种说法："改革是找死，不改革是等死"，其言外之意是，无论如何，中国都不能避免苏联的结局。然而，26 年过去了，"中国崛起"或"中国复兴"的声音却越来越响亮了。

1917 年俄国革命极大地影响了正在探索国家出路的中国知识精英。在最近一百年的历史时段中，中国发生了翻天覆地的变化。救亡图存，统一政权，发展经济，国家治理现代化，中国一直在探索现代化的道路，努力完成现代国家构建的任务。从长时段的发展角度看，中国在一定程度上完成了现代国家所需要的基础建设部分，如主权的统一性建设、政府的功能化建设、政权的制度化建设、经济生活的工业体系建设和经济组织的企业化改造、社会生活的城市化推进等。但也必须承认，伴随着经济规模、人均收入、基础设施、公共服务、民生事业光鲜亮丽的骄人业绩，中国当下也面临诸多问题，如地区发展不平衡、城乡差别较大、收入差距扩大、经济发展的资源环境代价过高、权力腐败、安全事故时有发生、群体性社会抗争事件此起彼伏等。这些现实问题的出现表明中国在制度化、法治化、民主化、市场化、社会化方面还有很长的路要走。

为促进中国社会持续健康发展，国家领导人提出了实现中华民族伟大复兴的中国梦，其核心目标可以概括为"两个一百年"的奋斗目标，也就是：到中国共产党成立一百周年的时候，实现全面建成小康社会的目标；到中华人民共和国成立一百周年的时候，实现建成富强民主文明和谐的社会主义现代化国家的目标。现在，中国的现代化还在路上，还需要继续全面深化改革。2013 年 11 月，党的第十八届三中全会审议通过《中共中央关于全面深化改革若干重大问题的决定》。2014 年，习近平主席进一步明确，要通过推进全面建成小康社会、全面深化改革、全面依法治国、全面从严治党的施政目标，推动改革开放和现代化建设迈上新台阶。2015 年，中共中央又提出国家未来发展要坚持五大发展理念，即创新、协调、绿色、开放、共享。与此同时，中国政府还制定了“精准脱贫”政策，计划在 2020 年确保现行标准下中国农村贫困人口摆脱贫困①。现在距离承诺实现第一个百年目标的时间只有 3 年，距离承诺实现第二个百年目标的时间还有 30 年，中国将如何实现伟大复兴的梦想？

一、多维度的中国影像

作为东方大国，中国因其传统的大国地位和近年来取得的经济发展成就，获得越来越多的关注。这些关注者当中，既有世界各国的政界商界精英，也有从事专业研究的学者，还有普通民众。不同的人从不同的视角关注中国，形成了不同的影像。

从地理上说，中国是一个地域大国；从人口上说，中国是一个多民族的人口大国；从历史上说，中国是一个历史悠久的文明古国；从经济上说，中国是一个发展中国家；从文化上说，中国是一个传统与现代文化交融的国家；从政治上说，中国是一个共产党执政的社会主义国家；从国际上说，国际社会对中国的认识和评价在不断地转换：

---

① 中国究竟有多少贫困人口？中华人民共和国民政部公开的数据显示，截至 2015 年 12 月，全国城市低保对象 1 701.1 万人，农村低保对象 4 903.6 万人，加之城镇失业者、低收入群体人数，按照中国现行的贫困线标准，总数已接近 7 000 万；而如果按照世界银行的标准，中国还有近 2 亿贫困人口。

从“黄祸论”到“威胁论”，从“机遇论”到“救世论”[①]，每一种评价或认识都或多或少地带有一定程度的误解和误读。

中国是一个疆域辽阔、历史悠久的国家

本书的目的是从中国治理的角度，通过清点中国历史遗产、总结发展成就、分析现实问题，尽可能给关注和关心中国的学者们、朋友们还原一个真实的中国，就中国治理特色话题促进各国学者、朋友进行更多更深入的探讨和交流。

客观、真实、全面是本书坚持的写作原则。本书试图通过梳理中国治理的历史经验，分析中国治理现状及其问题，探讨应对措施，并解读中国政府政策，客观呈现中国国家治理的全貌。这其中既有引以为傲的辉煌历史，也有中国迅速崛起带来的一系列治理挑战；既有改革开放以来中国治理取得的卓越成就，也有新时期新形势下国家治理面临的艰难困境。总之，笔者试图通过客观的写作和记录，展示一个在发展中面临问题和挑战而又敢于正视困难并试图通过全面改革克服困难的中国。

---

① 2008年国际金融危机爆发以后，世界经济一度陷入萧条，而中国经济依然保持强劲增长势头，因此，有一种言论认为中国才是拯救世界经济的希望所在。

中国有一则寓言，叫作“盲人摸象”，说的是由于大象的体积很大，几个盲人想要了解大象究竟长什么样子，于是都纷纷上前用手触摸。摸到象牙的说大象长得像萝卜，摸到象耳的说大象长得像蒲扇，摸到象腿的说大象长得像柱子……他们每个人都不知道大象的真正模样，但却以为得到了大象的全貌。认知中国治理经验也是同样的道理，如果想知道中国治理这头“大象”长什么模样，不仅要从不同的角度去切入，而且要知道它的几个关键部位，这样才能整体把握，不至于管中窥豹，只见一斑。笔者认为，以下这些要素可以算作中国这头“大象”的关键部位：

中国拥有悠久的国家治理传统。中国是世界上有史料记载的唯一一个文明没有中断过的国家。早在约公元前 2070 年，中国就出现了夏王朝。夏王朝初步建立了从中央到地方的管理体制，中央设相、卿，地方封侯、伯，上下呼应，共同管理国家事务。西周的分封制和血缘关系维系的宗法制，使得周朝在中国历史上存在了近 800 年。公元前 221 年秦王朝统一全国后，推行了以皇权为中心的中央官制，同时在地方施行郡县制与中央官制相配合，建立起从中央到地方一套完整的、具有极高效率的管理体制。这套体制在中国存在了 2 000 多年，且至今还在发挥着重要的作用。比如，县制仍旧是中国不可或缺的治理形式。仔细观察研究就可发现，在中国现今的近 3 000 个县级行政单位中，有不少县的名字可以追溯到数百年乃至数千年前的中国古代。唐朝的三省六部制使中国古代中央官制基本定型，元代的行省制度为中国古代治理辽阔疆土提供了宝贵经验，明王朝的内阁制度、清王朝的军机处，则使国家管理体系更为集中、统一。这些管理体制从纵向上来看是延续未断的，从横向来看也是丰富和全面的，不仅包括从中央到地方的行政管理体系，而且包括诸如察举制、九品中正制、科举制等选官用人体系，也包括“重农抑商”的经济体制和以儒学教育教化为代表的文化统治制度等。

中国是一个地域辽阔、人口众多的国家治理大国。考察世界历史和现实不难发现，小型的城市国家、中等规模的民族国家和大型的多民族国家有着不同的治理方式，因此，有人认为组织的规模决定了治理的方式。中国是一个大国，这个大国的“大”至少体现在两个方面。首先是体量大。俄裔美国著名经济学家西蒙·库兹涅茨把人口超过 1 000 万的国家称为大国，把人口超过 5 000 万的国家称为真正的大国[①]。按照这个标准划分出的大国，其人口只相当于中国的一个省而已。几千年来，中国也孕育了不同的地域文化，形成了 56 个民族和佛教、道教、伊斯兰教等诸多宗教。中国的经济体量也是巨大的，根据世界银行的报告，截至 2016 年底，中国国内生产总值（GDP）仅次于美国，以 11 万亿美元的总量排名世界第二，且相当于排名第三到第六的日本、德国、英国和法国的 GDP 总量之和。在中国每年召开的“两会”[②] 上，经常有中国某个省份的省长在谈及省域的治理时，会让人感到像是在治理欧洲的某个国家。事实上，中国某些省份，诸如广东、江苏、浙江等，在人口数量、经济总量和管辖面积等方面，与欧洲的一些国家的确不相上下。其次是差异大。比如地域差异：中国的海拔高度大致呈由西向东递减分布，而经济发展水平则相反。不同地区之间的管理水平、教育水平、宗教信仰乃至饮食文化都各不相同。再比如贫富差距：中国推行社会主义市场经济以来，收入分配不均日益明显并受到越来越多的关注。这不仅可能成为社会进一步发展的潜在阻力，也可能是危及社会稳定的一颗“不定时炸弹”。此外，城乡差异也是不得不考虑的因素。居住位置的不同、经济发展的工业化水平不同，使得中国城市和农村发展的机遇差别非常大，导致了城市和乡村社会的“二元化”结构，城市和农村的收入水平、教育医疗水平、福利制度等都存在很大差异。

中国现行体制为国家治理提供了可充实拓展和灵活利用的空间。

---

① 库兹涅茨. 各国的经济增长. 北京：商务印书馆，1985：145.

② “两会”是指全国人民代表大会和全国政治协商会议，它们是中国现行政治体制中重要的民主决策和民主协商机制。这两个会议在每年的 3 月份召开，会议代表围绕国家国民经济和社会发展各类事项听取政府报告并提案讨论。因此，“两会”通常是观察中国政治和把握政策走向的一个重要窗口。

改革开放以来，中国取得了举世瞩目的成就。在经济发展方面，中国连续30多年保持了GDP年均9%以上的增速，在整个人类文明长河中实属罕见。中国经济总量已经连续两年位居世界第二，外汇储备位居世界第一。根据中华人民共和国商务部数据，在近几年世界经济不景气的大背景之下，中国货物贸易进口和出口额继续稳居世界第一，2015年仍保持了3.95万亿美元的总体量。人均GDP从1980年的149美元上升到2015年的8 000美元左右，增长了50多倍；在国民生活水平方面，国民预期寿命得到明显提高，由1982年的67.7岁提升到2010年的74.9岁，平均提高了7.2岁。中国国民受教育层次大幅度提高，基本扫除了文盲，实现了九年义务教育全覆盖。根据《2016年全国教育事业发展统计公报》，2016年，中国儿童学前教育毛入园率达到77.4%，九年义务教育巩固率93.4%。高中阶段毛入学率达到87.5%，高等教育毛入学率达到42.7%（在每10个18岁到22岁的年轻人中，就有4个能够接受高等教育）[①]。中国快速发展取得的成就得到了世界公认。甚至有学者认为，中国自20世纪80年代至21世纪初的这段时间的历史意义，可以与英国第一、第二次工业革命相媲美，因为在这段时间里，中国实现了国家经济、社会、文化等各个方面翻天覆地的变化，极大地改变了国家面貌，提升了国民生活水平。尽管这些年来不乏国外政客或学者对中国的发展提出质疑和批评，但哪怕是批评者，也不得不承认中国确实取得了了不起的成就。要知道这个庞大的、拥有古老历史的国家，60多年前还是战火纷飞，50多年前还在忙于阶级斗争，40多年前还温饱不保，30多年前还在争论要不要实行市场化改革，20多年前还在考虑要不要融入世界体系。许多人试图解释中国快速发展的原因，但除了规模效应、积累效应、后发效应之外，中国共产党集中领导的制度效应恐怕也是

① 据《中国高等教育质量报告》，中国高等教育入学率不断提升。1949年，高等教育入学率为0.26%，1978年为1.55%，2015年增加到40%。与1949年相比，中国高等教育入学率增长了150倍，预计到2019年，还将达到50%以上，进入高等教育全面普及化阶段。

不得不考虑的因素。这一套在中国运行的制度，包括人民代表大会制度、中国共产党领导的多党合作和政治协商制度、基层群众自治制度和民族区域自治制度，在现代市场化运行的轨道上实现了“平移”，在国家开放的世界体系和自由竞争的环境中得到了发展，在不断学习和改革的政策下获取了新的动力。现在看来，这套体系叫什么名称并不重要，重要的是它具有让一个后发大国高速发展的实效性。当然，这套制度并不完美，也未定型，它还处在随着国家发展战略的调整而不断改革完善的过程当中。不过，它也确实在实事求是的原则下，为讲究实效的中国人提供了可充实拓展、可灵活利用的空间。

过去的 40 年，中国在经济、社会、文化等各方面均取得了举世瞩目的成就

把握以上几个关键要素，可对中国治理形成初步印象，至少不会与中国治理的实际情况偏离太多。中国治理的这些性质，决定了它无论怎么发展、发展成为什么样子，一定带有这样两个基本特征：

第一，中国特色。中国最高领导人习近平曾指出，一个国家选择什么样的治理体系，是由这个国家的历史传承、文化传统、经济社会发展水平决定的，是由这个国家的人民决定的。这句话表达了中国社会各界面对选择何种治理模式这个问题时的基本态度。从历史来看，中国是世界上历史悠久的文明古国之一，国家的治理经验至少可以追溯到 2 000 多年以前，因此，可以说中国积累了丰富的宝贵的治国理政经验。这些经验和做法之所以能够延续久远，是因为它们不仅是长期积淀的产物，符合中国社会的实际情况，还满足了社会调节的需求。尽管现代中国经济基础、社会形态发生了翻天覆地的变化，但中国社会和大众不可能短时间内丢掉所有文化传统和思维方式。所以，挖掘、吸收、创新、发展中国旧有治理模式，结合中国新时期的实际情况，构建中国特色的新的国家治理体系，是时代之需、民众之求。从现实发展来看，中国近 40 年来的繁荣与发展，正是得益于现代发展要素和原则与中国实际情况相结合。一切从实际出发、实事求是是当代中国全体国民的共识，中国人会以开放的心态吸纳和借鉴西方治理体系的有用元素，最终将在中国历史遗产的基础上，以中国问题为导向，使之转化为中国自身的“治理工具”。

第二，与时俱进。如西方世界现代化初期遭遇了革命性变革一样，中国也经历过因为生产方式（工业化）、社会组织方式变革所引发的政治性革命。一般来说，重大政治性革命之后，在新的生产方式产生并推广之前，一个国家会进入一个相对持久的发展期。在此期间，国家制度会随着社会产生的新问题而不断调适。社会矛盾和问题的“轮子”与制度调适和变革的“轮子”处于相互适应的状态，不断调适和变革的制度如果能够具有足够的包容性，为新的社会矛盾和社会问题提供化解的平台或通道，这个制度就具有了“韧性”而不至于“脆断”。因此，中国改革开放的进程，实则是制度调适以扩大其包容性、提升其“韧性”的过程；中国改革的成就，实则是制度不断与时俱进地进行变革创新的结果。中国有句俗语“新瓶装旧酒”，说的是改变形式而不改变内容的变化。从中国今天的实际情况来看，内容的变化反而大于形式的变化。此外，中国地域辽阔、人口众多，城市与乡村之间、沿海与内地之间，在经济、文化、教育等方面呈现明显的层次性和差异性，特别是中国经济社会发展中存在的二元结构，造成城乡差别大、地区发展不平衡。原有经济体制在不同产业中的实现程度和运行绩效也不相同，产品经济、简易商品经济和部分自然经济并存。中国的多样性、不均衡，决定了中国治理在城乡之间、不同地区之间、不同产业之间的体现方式完全不同，治理的效率和效果也会很不一样。这些特性要求中国治理不能采取统一的方法，也不可能制定统一的时间表要求其在短期内完成，而只能在各类问题中，挑出最紧迫、最重要的事项，由点及面，循序渐进，分步行动，最终摸索出符合各地实际的治理模式。

2012 年 11 月，中国最高领导人习近平参观国家博物馆《复兴之路》展览时，用“雄关漫道真如铁”这句诗来形容中华民族的过去。的确，近代中国遭受的苦难之重、付出的牺牲之大，在世界历史上较为罕见。自中国共产党执政以来，尤其是推行改革开放政策以来，中国在经济、政治、社会、文化等各方面都取得了历史性成就。作为一个正在崛起和复兴的大国，中国的治理成果不仅为中国社会和人民带来福祉，也为世界其他各国的发展模式提供经验。近年来，越来越多的国外学者在问一个问题：中国靠什么在短期内创造了一系列的发展奇迹？在为读者勾画中国治理的大致轮廓的同时，笔者将会对中国治理的经验进行总结和剖析，期待更多学者、朋友们加入讨论，并期望达成共识。

二、中国治理的特色

中国改革开放后近 40 年的发展，是国家积极主动行为的结果，中国的发展经验蕴含了国家治理的中国特色。

第一，追求多重治理机制的协同效应。政治学家历来强调“混合制度”（mixed institutions）的重要意义，因为“混合制度”提供了多重的治理机制。中国多重治理机制的具体表现是坚持党的领导、人民当家作主、依法治国的有机统一。党的领导是社会主义民主政治建设的根本保证，人民当家作主是社会主义民主政治的本质要求，依法治国是党领导人民治理国家的基本方略。与西方国家政党有所不同，中国共产党是长期执政的政党，有连续性的执政经验和执政资源。在新中国建立和发展的过程中，中国共产党一直扮演了核心领导者的角色。从实际情况来看，中国共产党具有其他任何组织无法比拟的组织动员能力和综合协调能力，国家及地方行政机构、国有企业等的主要机构和组织基本上都由共产党员担任着领导职务。这样的组织体制，保证了在党和国家层面推行的经济发展或政治改革政策，能够得到最快速、最高效的执行，而效率往往是后发国家更加重视的因素。人民当家作主是社会主义民主政治的本质要求，与中国共产党的执政理念是契合的。正是因为中国共产党制定和实施的改革开放政策符合了广大人民群众的切身利益，满足了人民在新时期日益增长的物质文化需求，这些政策才得以有效贯彻。与此同时，人民代表大会制度和政治协商制度，以及人民与党和政府之间的各种互动渠道，保持了党和国家政策面向人民的开放性。依法治国是中国共产党领导人民推动社会各项事业的基本方略。党的领导在依法治国的范畴之内，不仅有利于规范党的执政权力和执政决策，也提升了党执政的科学性和效率性，有效地巩固了执政党领导人民实现的发展成果。总体来看，中国共产党坚持发展为了人民、发展依靠人民、发展成果由人民共享的原则，得到了人民群众的广泛支持。在党的统一领导和协调下，不仅能维持立法、司法、行政的协调运转，而且能保持政府机制、市场机制、社会机制共同发挥作用，保证上下一心、举国齐动，而这也是中国能够集中力量办大事、谋发展的原因所在。

邓小平

第二，坚持以经济建设为中心的发展战略。“发展”和“治理”是国家的双重任务，“无发展的治理”意味着统治高压，政治空转，民生凋敝，“无治理的发展”意味着无序竞争，私利膨胀，公益衰退。“以经济建设为中心”是 20 世纪 80 年代以来中国共产党治国理政所坚持的重要原则。该思想源于中国改革开放的“总设计师”邓小平。坚持以经济建设为中心，坚持改革开放，是 1978 年以来中共中央一直坚持的发展战略。邓小平反复强调发展生产力，主张“发展才是硬道理”。20 世纪 50—70 年代，中国治理高度政治化，尤其是“文化大革命”造成的社会秩序混乱，使经济发展几乎陷入停滞甚至倒退状态。在这样的时代背景下，以邓小平同志为核心的党的第二代中央领导集体总结了历史经验教训，提出了“坚持以经济建设为中心”的时代命题，明确了治理国家的本质首先是解放生产力和发展生产力，提出要以是否有利于发展社会生产力作为判断各方面工作是非得失的首要标准。从那时开始，中国共产党及其领导下的中国，在制定各类大政方针时，都优先考虑其是否有利于生产力发展，是否有利于经济建设。这个战略至少带来两方面的好处：一是终止了“以阶级斗争为纲”的政治运动，避免中国重蹈苏联覆辙①。中国共产党确立了以经济建设为中心、坚持改革开放的政策，赢得了全国人民的支持，使得国民收入迅速提高、人民生活水平在短期内便得到改善，从而稳固了政权。二是经济建设使得国力大为提升，进而夯实了中国共产党的执政基础，为改善社会福利和公共服务状况、推进国家治理体制改革奠定了良好的物质基础。

第三，实行试点式改革和增量性对外开放。中国在谋求经济发展和国家治理两条战线各个层面改革的时候，基本上采用了试点式、增量性的原则。中国领导人没有选择将改革在所有领域和行业一次推开的“激进改革”（“休克疗法”），而是采用“保守改革”的做法，力求在旧体制中培植新机制，并且选择实行“试点改革”，根据改革成效，对试点的相关政策进行完善，等待时机成熟和治理模式成型之后，再进行全国性的推广和建设。如此做法符合中国的国情，即中国国土面

① 苏联长期搞阶级斗争，反复进行“大清洗”运动，大量官员和专家在运动中丧生。苏联的最后几任领导人在执政期间虽然企图扭转局面，但始终不得要旨，最终因为经济改革乏善可陈、政治改革又不顺利而导致苏联解体。

积、人口和经济体量大，国家内部不同地域、行业、领域之间差异性高。中国共产党认识到，一次性推广某项改革或者政策，一旦出现故障而推行不下去，将会造成难以挽回的损失。一般来说，中国推行一项试点性改革，主要包含三个主要阶段：一是形成试点方案，这个方案可能是一部分人或者一部分单位结合自身实际创立的某些新政策，也可能是由中央政府牵头制订的方案；二是试点政策的实施、修正和完善；三是全面推广和实施。经过这三个阶段推广的全国性政策，基本都是相对完善、有明显效果的政策。中国波澜壮阔的农村改革就经历了这个过程。1978 年，中国安徽省凤阳县的一个村庄，农民们率先实行了家庭联产承包责任制。初期，中央政府并没有急于推广这个模式，而是给予进一步的支持，进而观察它，然后才进行了推广。这种做法改变了中国 20 世纪 70 年代以前的集体经济模式，极大地刺激了生产力发展，拉开了自主经营权、自主调控市场的序幕。中国对外开放的实施也经历了这样的过程：1979 年，中央设立深圳、珠海、厦门和汕头四个经济特区，推行特殊政策和灵活措施，大力发展经济。1984 年，又相继开放大连、秦皇岛、天津、烟台、青岛等 14 个沿海开放城市，建成了第一批国家级经济技术开发区。1985 年，再设立长江三角洲、珠江三角洲、闽南三角地区为经济开发区。1988 年初，又将辽东半岛和山东半岛全部对外开放；同年 4 月，设立海南经济特区，进一步推广经济特区的建设经验，推进对外开放进程。1990 年，又开设了上海浦东新区。中国在短短 10 年时间里，构建了一个全方位、多层次、宽领域的开放格局，完成了经济特区—沿海开放城市—沿海经济开放区—内地开发区这样一个开放过程。

第四，坚持“集中力量办大事”的原则。利用有限资源，办理国家急需之大事，这是中国治理的重要经验。“党国体制”（party-state system）是许多西方学者对中国体制的经典概括。许多人往往把这个概念当作贬义词来使用。不过，正如一枚硬币有正反面一样，“党国体制”也有它的优势。正如邓小平所言，中国体制支持“集中力量办大事”。“集中力量办大事”这项原则起源于中华人民共和国成立初期。由于中国共产党实行民主集中制，所以党领导下的政府体制能够集中全党全国力量，去完成某个政策或重大建设项目。“党国体制”的确存在因为权力过于集中可能带来的长官意志、官僚主义、贪污腐败等决策和政治风险，但在新中国成立初期，中国几乎没有工业产业，且不说基本的国防需要，连普通民众的茶足饭饱都很难保证，这一制度让中国在最短时间内先后完成了原子弹、氢弹试爆，在 1970 年成功发射第一颗人造地球卫星“东方红一号”。1999 年，“神舟一号”成功发射升空。到 2003 年，“神舟五号”成功将中国第一名航天员送上太空，使中国成为世界上第三个掌握该项技术的国家。2008 年，中国成功举办奥运会。2009 年，中国“天河一号”成为全球最快的超级计算机。2012 年，中国“蛟龙号”载人潜水器在马里亚纳海沟成功下潜至 7 062 米。中国自主研发第一座快中子反应堆，中国海军亚丁湾护航，中国北斗卫星导航系统建立，中国高铁走出国门，中国首艘航母“辽宁号”下水，中国成功探月，中国“神舟九号”实现太空载人对接，中国大飞机下线，中国成功开采可燃冰……这一连串的成就，让中国更多尝到的是“党国体制”的甜头。在仅仅不到 70 年时间里，中国在航天科技、深海科技、计算机科技等多个方面从零起步，快速发展到世界领先水平，这充分说明了“集中力量办大事”原则的巨大作用。

三、中国治理方法的评估

中国治理过程中坚持的原则和采取的具体做法，是中国短时间内取得巨大发展成就的“法宝”，其具有以下几个明显特点：

第一，集中性。正如中国改革开放“总设计师”邓小平所言，中国社会主义制度的最大优越性是“集中力量办大事”。中国能办大事，也办了好多别人办不了的大事，这是世所公认的。中国独特的体制安排有助于各级党政领导以及决策当局顺利开展施政计划，保证政策能够快速取得预期效果。但“金无足赤，人无完人”，在“集中力量办大事”的过程中，施政计划的好坏在很大程度上依赖于决策者和领导人的个人偏好、认知和判断。在历史上，曾因为对时局的错误判断而发动的“文化大革命”就给当时的社会发展带来了灾难性后果。所以在今后的国家治理过程中，如何避免决策的主观随意性和政策“跑偏”，是国家治理制度改革不得不考虑的问题。

第二，效率性。近代西方国家的兴起，主要是因为城邦国家为争夺生存资源而发动战争，产生了征兵和征税需要。这就导致了贵族、国王和平民之间的较量不断，加之商品经济流行，城市市民阶层崛起，形成了三级会议制度和市民社会制度等。从源头上来看，市民们选择不信任政府，所以西方的制度安排是基于防范性分权和限权的考虑。而中国则不同，“大一统”的中国不需要大力扩张或与别国竞争抗衡，政府一直以来是国内民众唯一的管理者、公共服务提供者，所以中国的制度安排是出于信任性集权和赋权的考虑。因此，决策、执行的高效性是中国政府的显著优势。但是，正如一些评论家所言，高效性与合理性相配合算是大幸，因为政策合理，并且能够以最快的速度加以落实，政策的优势就能快速变现，带给社会和民众的效益自然是最大化的。但高效率如果与“三拍决策”① 相匹配，那就是国家和人民的大不幸。如何避免后一种组合的出现，应该是中国国家治理制度改革需要解决的问题。

第三，协调性。中国自上而下的中央集权领导体制，有助于政策资源的集中调配，消除社会发展的非均等化。因此，从理论上说，中国的制度应该在协调区域差距，实现区域发展平衡，克服城乡差距、行业差距、贫富差距等方面发挥积极作用。事实上这项制度为缩小中国地区间发展差距也起到了作用，比如“西部大开发”战略。由于中国 20 世纪 80 年代推行的对外开放集中在中国区位优势明显的东南沿海地区，导致东部地区经济快速发展，与西部地区（包括中国西部 12 个省份，面积达 685 万平方公里）的差距越拉越大，这不利于中

① “三拍决策”指的是部分中国领导官员“拍脑袋决策，拍胸脯保证，拍屁股走人”，做决策缺乏科学性和明确的责任性。

国社会现代化进程，也不符合社会主义制度的本质要求。2000 年，中国开始实施“西部大开发”战略，把东南沿海的剩余经济发展能力，用来提高西部地区经济实力和国防实力。这一战略伴随各项配套政策迅速在中国西部地区推展开来，包括基础设施建设（如青藏铁路的修建）、“对口支援”建设、大学生志愿支援西部、“西电东送”工程、“西气东输”工程、优惠税收政策等，使得西部地区成为新中国成立以来经济增长最快、综合实力提高最快、人民群众得到实惠最多的地区。应当承认，这些政策在其他国家都是难以想象和实施的。

第四，连续性。中国的现代化建设是一个长期的过程，需要中国民众在具有现代意识和思维的核心力量的领导之下长期不懈地努力。这样的要求在制度安排上更加凸显了“连续性”的意义。所以，在国家制度中保持执政党、执政团队、施政方针和政策以及官员任职的连续性也不难理解。政党是某些阶层或群体为了共同利益、共同目标而组织起来的一种政治组织，不同政党之间的主张和政见往往差异很大。与多个政党轮流执政的国家相比，中国长期以来实行的中国共产党领导的多党合作和政治协商制度无疑有利于政策的延续性。以中国对外开放制度为例，自 1978 年确立该制度以来，党和国家领导人始终坚持该政策，并不断进行深化、补充和完善，保证了该政策的彻底实施。还有中国用来处理对外关系的和平共处五项原则。它自中华人民共和国第一任总理周恩来在 20 世纪 50 年代提出以来，被坚持了 60 多年，为中国的和平稳定发展赢得了良好国际环境。然而，也必须承认，长期连续执政的政党，难免遭遇脱离群众、权力腐败、行政官僚化、缺乏危机意识等困境，因此，如何有效“治党”，是中国治理必须解决的关键问题。

四、新时期的中国治理

2012 年 11 月 29 日，中国最高领导人习近平提出了要实现中华民族伟大复兴的中国梦。中国梦的提出，标志着中国的发展建设进入了全新时代。具体来看，中国梦包括两个目标，也被称为“两个一百年”，即在中国共产党成立一百年时全面建成小康社会，在新中国成立一百年时建成富强民主文明和谐的社会主义现代化国家。这两个宏伟的时代目标，有着中华民族文化的深厚底蕴，也寄托着近代以来中国无数仁人志士、革命先烈的理想夙愿，更承载着新的历史时期中国人民实现幸福生活的美好梦想。

目标确立后，以习近平同志为核心的党中央提出了具体的实现战略，被称为“四个全面”，即全面建成小康社会、全面深化改革、全面依法治国、全面从严治党。其中，全面建成小康社会是战略目标，全面深化改革、全面依法治国、全面从严治党是三大战略举措，为全面建成小康社会提供动力源泉、法治保障和政治保证；全面深化改革，既为全面建成小康社会提供强大动力，也是全面依法治国、全面从严治党的需要；全面依法治国，本身就是全面建成小康社会的重要内容，同时又为全面建成小康社会提供法治保障，无论是全面深化改革，还是全面从严治党，都需要在法治轨道上进行；全面从严治党，是推进“四个全面”战略布局的关键，是实现“两个一百年”目标的重要保障。

那么，国家治理在中国新时期宏大的发展框架中，处于怎样的位置？2013 年 11 月，党的十八届三中全会在北京召开，其公报指出，“全面深化改革的总目标是完善和发展中国特色社会主义制度，推进国家治理体系和治理能力现代化”。2014 年，中国最高领导人习近平又做了进一步阐释，依法治国是中国共产党领导人民治理国家的基本方略，法治思维和法治方式在推进国家治理体系和治理能力现代化中具有非常重要的作用，离开了“法治化”的评价尺度和标准而空谈国家治理现代化是没有实质性意义的。

新时期的中国国家治理，扬弃了国家统治与国家管理两个概念。国家统治指的是国家政权依靠国家暴力运用强制、压制、控制等专政方式来维护公共秩序。国家管理强调国家的公共性，指的是国家政权在处理社会公共事务的过程中对各种投入要素的优化组合和高效利用，以实现包括国家利益和国民利益等社会公共利益的最大化。而国家治理，继承了国家统治和国家管理中符合时代潮流的部分，比如以服务公众、维护公众利益为目的，但也有其新的内涵，比如强调国家政权需要向国家所有者，即全体公民负责并可以被问责，强调国家政权所有者、管理者和利益相关者等多元行动主体共同参与国家管理，政府、市场和社会等多元力量协同治理。国家治理体系和治理能力现代化，实际上摒弃了“国家治理社会”“国家主义”“国家中心主义”等概念，从而把市场治理、社会治理等纳入国家治理的范畴。

在当代中国，如何推进国家治理体系和治理能力的现代化？目前中国国家治理的效果和发展程度如何？这些是本书要尝试回答的问题。本书共分为六章。第 1 章“复兴之路：中国治理的历史路径”，从历史的维度梳理了中国自古到今的治理经验，帮助读者更好地理解中国治理发展到今天的来龙去脉。第 2 章“从严治党：打造中国治理的核心力量”、第 3 章“依法治国：迈向现代治理的中国法治”、第 4 章“民主治理：追求善治目标的中国民主”，分别从中国共产党的领导、依法治国和人民民主三个方面，阐述如何实现中国国家治理的现代化，也解释了党的领导、人民当家作主和依法治国在新时期的互动关系。第 5 章“政府与市场：经济治理的双驱动”和第 6 章“政府与社会：社会治理的多维度”，讲述新时期中国市场和社会参与国家治理的做法与过程。

20 世纪 80 年代末 90 年代初苏东剧变之后，西方学者提出“中国崩溃论”，认为中国会和其他“红色政权”一样，迟早被西方资本主义所征服。在 2000 年前后，美国匹兹堡大学经济学教授托马斯·罗斯基发表《中国 GDP 统计发生了什么？》一文，对中国经济发展速度进行质疑，最终引起又一波“中国经济即将崩溃”的大讨论。然而，中国发展到今天，不仅没有崩溃，反而取得了举世公认的巨大成就，综合国力大幅提升，人民生活水平极大改善，国家地位和国际影响力与日俱增，发展速度亦创造了人类发展的奇迹。当然，世界上没有完美的制度，中国的发展也不是完美的，中国所采用的发展模式、治理模式也不可能是完美的，但是中国治理和发展模式的灵活性、适应性是解决问题的关键手段。

中国是历史悠久的大国，在历史上曾经取得过辉煌的成就，为古代世界文明做出了杰出贡献。中国也历经了痛苦和沉沦，在近代被西方国家侵占，被迫签订不平等条约，割让大片国土，赔偿大量白银，甚至沦为半殖民地半封建国家，但是中国人民前赴后继，没有停止过争取国家和民族独立的步伐。经过近百年的浴血奋战，中国最终实现了民族独立和国家富强。一路走来的中国人深知，和平来之不易，所以他们在逐渐强大的时期仍然选择推行和平共处、互利互惠的外交政策。沉重的中国近代史也让中国人懂得了把握自身发展命运的重要性，这也是中国人选择中国特色发展道路的重要原因。“长风破浪会有时，直挂云帆济沧海。”我们相信，有数千年文化传统积淀的勤劳勇敢的中国人民，面对新时期中国国家治理与发展过程中的挑战，一定能一往无前、奋勇当先，与世界各国各民族爱好和平的同胞们一道，为建设一个更加和谐、繁荣、文明的世界而努力奋斗！

（燕继荣）

目　录

China's **Governance**

第 1 章

复兴之路：中国治理的历史路径

1

复兴之路：中国治理的历史路径

在亚欧大陆的东端，屹立着一个历史悠久、文明璀璨的大国。五千年前，中华文明诞生于长江、黄河流域，经过秦汉帝国①的巩固，形成了独具特色的农业帝国。据考古发现，在中国早期国家形成的过程中，已经萌生出了较为成熟的经济和社会分工。在西周青铜器何尊的铭文中，有“宅兹中国”的说法。这是“中国”一词的最早使用。它一方面指国家的中心城市，即首都；另一方面指的是处于世界（“天下”）中心的国家，有别于外国。可以看出，“中国”一词，在空间上已经具有统治民众的含义，体现出治理的思想。

“中国”一词最早出现：何尊铭文“宅兹中国”

中国古代历史的演变和发展，为中国治理留下了丰厚的遗产。无论是古典时代的夏商周，还是剧变时代的春秋战国，无论是开天辟地的秦汉帝国，还是辉煌盛世的唐宋帝国，都创造了别具一格的国家治理模式，为人类历史留下了宝贵的经验。很多学者都注意到，在国家形成的过程中，古代中国在历史演化中走出了一条和欧洲经验迥异的发展道路。近代以来，随着世界贸易和文化交往的扩大，西方人对遥远的东方产生了浓厚的兴趣。在西方人的眼中，中国是一个神秘的国

---

① 本书中与中华民族有关的“帝国”是指“以皇帝为最高统治者的君主国。有奴隶制的，如罗马帝国；有封建制的，如大清帝国”，而非指“某些占有殖民地和对外侵略扩张的帝国主义国家”（辞海．上海：上海辞书出版社，2000：432）。

度，充满了各种奇闻逸事。法国的路易十四特别偏爱“中国风尚”，伏尔泰在巴黎传播中国的道德和儒家文化，他们认为中国是世界上最古老、最广阔、最美丽、人口最多、管理得最好的国家。当然，也有人通过紧邻欧洲的奥斯曼帝国、波斯帝国等来想象中国，认为中国是一个专制国家，处处充满了奴役和压制。黑格尔甚至认为，“中国的历史从本质上看是没有历史的”①。然而，这种历史的观念是否符合历史的实际呢？西方人眼中的中国是不是符合实际呢？越来越多的研究表明，根据欧洲经验来理解古代中国的历史演变，会产生很多瑕疵和缺陷。是否有一种更好的理论能诠释中国治理的复杂性呢？

一、中国的国家形成：跳出欧洲经验

从国家形成来看中国历史，治理的技艺与地理空间和自然环境有很大关系。发源于长江和黄河流域的华夏文明，其国家权力和生产活动面临着和欧洲完全不一样的环境。据统计，见于文献记载的黄河决堤泛滥总计有 1 500 余次，较大的改道有 26 次。由于黄河的多次改道，河水泛滥，需要有力的治理方式来应对频繁的水灾。面对黄河的泛滥，上古时期曾产生了两种不同的治水方式。共工治水，采取修筑堤防的方法，通过“堵塞”来治水；而大禹治水，顺从河流的本性，通过“疏浚”来治水，“决九川，距四海，浚畎浍距川”（《尚书·虞书·益稷》）。在中国古人眼中，这种“堵塞”和“疏浚”的治理思想也体现在治国之道的辩论中。由此可见，治水活动对中国治理方式产生了很大的影响。美国学者魏特夫从水利灌溉的角度研究了中国古代国家治理，把东方社会称为“治水社会”。中国学者冀朝鼎则认为，中国水利“基本经济区”，构成了中国历史上统一与分裂的经济基础。他发现，中国不像现代国家那样是用经济纽带联结成的整体，而是通

① 黑格尔．历史哲学．上海：上海书店出版社，2006：74．

过控制基本经济区的办法，用军事和官员的统治组合而成的国家。由此，造成了中国“合久必分，分久必合”的基本运动，进而造成中国古代的经济中心从黄河流域逐渐转到长江流域。

历史学家钱穆说：“中国人是全世界最早懂得水利的民族。”① 统治阶层不仅通过水利来治理老百姓，还将民众比喻为水，形成了“水能载舟亦能覆舟”的政治哲学。除此之外，还借助水利来赢得战争，抗御敌国。

秦始皇

查尔斯·蒂利对现代欧洲形成的研究表明，战争和财政与西欧现代国家的形成有很大关系。而中国早在春秋战国时期就经历了激烈的国家竞争。公元前 27 年，屋大维建立了罗马帝国。而早在屋大维之前的公元前 221 年，秦王嬴政就统一六国，建立了秦帝国。他推行郡县制，将各个地区的货币、道路宽窄、文字进行了统一，成为中国历史上第一个皇帝。更重要的是，中国秦代形成的帝国制度还得到了不断完善。汉代将儒家思想确立为官方意识形态，并建立了一整套完整有效的官制和赋税制度，使帝国的模式不断延续下来。这与西欧形成了明显的差异。在欧洲，罗马帝国衰落后，欧洲的政治权威一直支离破碎，再也没能在一个帝国的层次得到行使。中华帝国的特点在于它有能力使其帝国制度不断再生，这得益于早期中国较强的国家治理能力。

中国的国家形成与欧洲国家形成的差异，还体现在一种持续的时间观念。中国有着历史悠久的官方修史传统，“二十四史”以本纪、列传、表、志等形式，纵横交错，脉络贯通，记载了各个朝代的历史概貌，同时又以中国历代王朝的兴亡更替为框架，反映了中国错综复

① 冀朝鼎．中国历史上的基本经济区．北京：商务印书馆，2014．

杂的历史进程，使中国和中华民族成为世界上唯一拥有近五千年较为连贯、完整历史记载的国家和民族。自唐代以后，中国古代更是专就历代典章制度，分门别类地、系统地编纂了政书，详细记载了田赋、钱币、户口、职役、选举、学校、职官、兵、刑等具体制度的细节和演变。这些制度典章代代相传，通过不断完善，在新的朝代又加入新的内容。这体现出中国人对于历史演变的特别偏好，也体现了中国治理传统的绵延存续。尽管经历了 20 世纪的革命，我们仍然能看到古老文明传统对中国当代社会的影响，并且在霸权政治所提出的一元化模式式微后，中国人的国民身份意识变得更加强烈。中华帝国的传统为这种国民身份的想象提供了丰富的资源。这意味着，中华帝国是一个文明的概念，许多古代的思维和习惯仍然在影响着当代中国的讨论，并以新的方式呈现到政治辩论当中。例如，十八大以后中国共产党对中国古代巡视制度、监察制度的借鉴，以及关于文化自信的种种讨论，都体现了中国人复兴中国文化传统的努力。

古代中国面对的威胁和挑战，与近代欧洲国家的不同。欧洲近代国家的形成主要来自政治竞争和经济竞争，而“大一统”的中国并不必像一个欧洲国家那样大力向外扩张，与他国竞争抗衡。有学者认为，中华帝国统治者面临的最主要的挑战，并非创立一个与其他政治对手竞争的全新国家，而是不断重建和改造它的农业帝国。对传统中国的主要威胁不是外力入侵，而是内部瓦解。因此，维持和重建国内秩序，既是国家的主要考虑，又是其行政力量投入最多的部分。欧洲分散破碎的城邦国家为了生存而争夺资源，大量的国家被卷入战争。由于战争和征税的需要，使绝对君主制和中央集权逐渐形成，贵族、国王和平民之间的较量，城市市民阶层的崛起，也逐渐形成了三级会议制度和市民社会等。而中国早在秦汉帝国时期，就已经完成了军事职业化、财政集中、土地兼并等中央集权的过程。中华帝国面临的主要外部挑战来自北方草原的游牧民族。然而，这种来自草原的威胁，并非要分裂中国，而是要占领中国。金、元、清政权都采用了中原的政治意识形态与制度，不仅接受汉人，还对其进行同化。在中国人的观念中，中华帝国更多是作为一个延续的文明而存在。

中华帝国是一个农业帝国。但是，它既不同于奥匈帝国、奥斯曼帝国这样的陆地帝国，也不同于大英帝国这样的海洋帝国。两千多年以来，中华帝国虽然在短暂的时期经历过分裂，但是却基本维持了大一统的格局，并且形成了以中华帝国为中心的朝贡体系。西方挑战者在19世纪到来之前，现代国际法体系里面的主权、边界、领土、民族等概念对东亚地区来说是很陌生的。中国与周边地区的很多国家是一种独特的“宗藩关系”，即宗主国和藩属国的关系。中原王朝以天朝自居，通过册封，结合儒家思想体系，往外拓展。中国与周边国家之间曾以进贡与赏赐的名义进行贸易，称为朝贡贸易。15世纪的明朝，郑和下西洋完成对印度洋的巡航之后，向明朝政府朝贡的国家和部族一度达到了65个。中华帝国在利益上通过礼物往来，往往给予交往的国家更多的利益，通过交换获得信任、尊重和服从。历史上的朝鲜、日本、缅甸、暹罗等国都在19世纪和中国有着密切的联系，通过“厚往薄来”的朝贡原则，与中国建立了良好的外交关系。在朝贡体系影响下，东亚地区逐渐形成一个以汉字、儒家、汉传佛教为核心的东亚文化圈。随着欧洲国家逐渐同东方世界直接接触，威斯特伐利亚体系冲击了中华朝贡体系，两种不同体系之间的摩擦发展到了不可调和的程度，最终导致了鸦片战争的爆发。

二、中华帝国的治理体系和治理能力

在中国鼎盛的唐宋时期，西欧正处于中世纪持续不断的战乱和瘟疫之中。即便以今天的眼光来看，中华帝国的治理能力也是令人羡慕的。中华帝国在1000年左右的宋代，就已经发展出了社仓制等早期的社会福利制度，建立了十分完整的国家治理体系，将皇权渗透到帝国的方方面面。有学者认为：“在18世纪以前，就当时的世界历史标准来说，中国国家所能做到的事情是让人印象深刻的。举例来说，国家可以收集超过一千三百个县每十天一算的粮价资讯，从这些资讯整理出每个府、州数种谷粮的高低价格，再由省级官员按月汇报给中央。基于价格与收获的状况，预期的与实际的结果都以正常丰收的情况为准来算出该年达到的百分比，而政府官员可以估算影响城居和乡居平民的粮食供应状况，而且这些估算可以掌握到几乎全中国领域的地方层级。”① 中华帝国的基础是农耕文明，国家财富的主要来源是与土地有关的间接税赋，统治者通过“劝课农桑”“轻徭薄赋”等治理手段来不断培植新的税源，在有限的攫取模式下，商人始终没有发展出和政府官员讨价还价的能力，没有形成类似欧洲的城市资产阶级，或者独立的贵族集团，更没有形成欧洲式的“市民社会”。

中国的古代社会与西方的古代社会有着很大的不同。在现代民族国家形成之前，中国的农业帝国是世界上对社会渗透力比较强、管得也比较宽的一种国家形态。自公元前 221 年秦帝国建立以来，中华帝国虽然多次改朝换代，但基本维持了相似的政治模式，保持了较强的连续性。为何中华帝国能如此长久？农业帝国是如何维持社会秩序的？这就需要我们回到历史，理解中华帝国的治理体系和治理能力。

（一）中央集权的国家治理体系：从中央到基层

公元前 221 年，秦王嬴政统一六国，建立了秦帝国。秦始皇对中国历史产生了根本性的影响，为后世留下了一整套全新的制度，结束了春秋战国五百多年的分裂历史，最终建成了“大一统”的中央集权国家。秦始皇所创立的皇帝制度、官员制度、郡县制度构筑了强大的国家动员能力。秦代所建立的中央集权制度，在汉代以后不断被加入新的内容，历代王朝不断丰富和完善自己的治理技术，很多原则至今仍然发挥着重要的影响，因此才有“百代都行秦制”的说法。

“郡县治，天下安”。在秦所创立的所有制度中，影响最大的莫过

---

① 王国斌. 转变的中国：历史变迁与欧洲经验的局限. 南京：江苏人民出版社，1998.

于郡县制。今天的中华人民共和国行政区划内，共有 3 000 多个县，很多县都承袭了原来的区域和名称。公元前 221 年，秦始皇接受丞相李斯的建议，废除春秋战国时期的分封制，设立郡县，将天下分为三十六郡，每郡有守（相当于省长）、尉（相当于防区司令）和监（相当于监察专员）各一。郡守、县令（县长）由皇帝直接任免，不得世袭。郡县制是古代中央集权制在地方政权上的体现，它的目的就是打破周代以来的封国建藩、世袭继承的制度，有效地加强了中央集权。郡县制与西周分封制相比较，最主要的差别在于形成了中央垂直管理地方的形式。西汉王朝继续推行郡县制，使“大一统”政权更为巩固。秦朝这套从中央到地方的统治机构，有明确的职责分工，既相互配合，又彼此牵制，统治机构的最高统治权掌握在皇帝一人手中，通过统一的文书系统来传递皇帝的命令。郡县制的出现，加强了中央对地方的管理，有利于防止地方割据分裂，有力地维护了国家的统一，标志着中国从贵族政治走向了官僚政治。

秦王朝还建立起了一套适应统一国家需要的中央政府机构，这就是“三公九卿制”。“三公”是指皇帝之下的具体负责官员，即丞相、太尉、御史大夫。丞相是中央政府中皇帝之下的最高长官，太尉协助皇帝掌管全国军队，御史大夫是丞相的助手，掌图籍章奏，监察百官，并向皇帝直接报告。“九卿”则是分别负责宗庙礼仪、宫廷警卫、司法审判、外交和民族事务、财政收支，以及皇族事务等的高级官员，都由皇帝任免调动，一律不得世袭。到了隋朝，“三公九卿制”又进一步发展到更高级的形态，确立了“三省六部制”。三省分别是尚书省、中书省和门下省，六部指尚书省下属的吏部、户部、礼部、兵部、刑部、工部，分别负责官员选拔任免，掌管户籍财经，礼仪教育、外国事务往来，兵器和武官，法律刑狱，以及工程营造。每部各辖四司，共为二十四司。这一套完整的中央官制，基本上延续到了 19 世纪末期。可以看到，它对复杂的政府事务进行了合理分工，事权和责任已经明确地划分在各个官职之内，并最终向权力中心负责。通过科举考试，士大夫不断被吸纳进政治体系中来，维持着中央集权的运转。

中华帝国幅员辽阔，人口众多。为了把政府的控制延伸到乡村的层面，中国在历史上创设了一种基层行政体系的地方组织，即保甲体系。这套组织体系十分精巧，使乡村生活都处于政府的监督和指导之下。它创立于 1070 年的宋代，并在 17 世纪的清代逐渐完善。帝国把它作为清查居民数量、迁移和活动的工具。把乡村人口列入地方组织，10 户为 1 牌，设牌头；10 牌为 1 甲，设甲长或甲头；10 甲为 1 保，设保长或保正。保甲组织的功能主要是对街坊和村子的民户、丁口进行登记。但是，它不仅是一项人口普查制度，而且负责登记的居民要监视、侦查、汇报所在地区任何可能违反统治秩序、触犯律法的行为。地方官员只是监督它的运作，并不直接参与管治。保甲组织虽然由各地编组居民自己管理，但与地方自治不尽相同。政府实际上通过保甲组织奠定了国家治理的基础，把触角延伸到基层社会。

（二）以儒家仁政思想为中心的治理理念：帝国的合法性

早在西周时期，中国就确立了天命观，并且代代相传，进而对统治秩序产生了重要的影响。天命思想的核心之一就是只要统治者关心臣民的福祉，他就拥有由上天授予的统治人间的神圣权力，倘若他未恪尽职守便会遭受被推翻的厄运。因此，皇帝又被称作“天子”，代表“上天”来统治人民。与这种天命观相伴随的是儒家学说深厚的民本思想和仁政观。中国现存最早的皇室文献《尚书·夏书·五子之歌》中提道：“民惟邦本，本固邦宁。”统治者要敬民、重民、爱民，认识到民众的力量，自我约束、修善德行。汉代确立了“罢黜百家，独尊儒术”的政治原则，把儒家学说确立为官方价值观。

中国儒家强调“齐家治国平天下”的政治理念，民情和习惯是以家庭为中心，逐渐向外扩张出去的，这就是中国的礼俗的意义。通过婚丧嫁娶等仪式，帝国的秩序得到了巩固，民众把统治者在地方派驻的代表视为“父母官”，形成了一种强调等级秩序的服从观念。中国古代建立了经筵制，即皇帝读书制度。位高权重的皇帝要接受以儒家经典为内容的教育，学习治国理政的技艺。经筵的方法一般是，主讲官讲解，皇帝提问质疑，主讲官答疑解惑。研读的内容相当广泛：四书五经中的《尚书》《周易》《论语》等，前朝史书如《汉书》等，当然还有本朝史书和政书。16 世纪以后，还逐渐形成了“宣讲圣谕”制度。全国 1 300 多个县的官僚，要在每月召集本地的官民宣讲皇帝撰写的“圣谕”，内容涉及孝敬父母、遵纪守法、讲求诚信、邻里和睦、道德礼仪等各个方面。中国古代的君主通过约束自己的行为，向臣下和百姓做出表率，来维持一种道德上的合法性。

隋唐时期，中国进一步确立了科举制度，打破了血缘世袭和世袭垄断。这意味着，平民可以通过考试进入官吏体系中，不论其出身、贫富皆可参加考试，这样不但大大扩宽了政府选拔人才的基础，还让处于社会中下阶层的知识分子有机会通过科考向社会上层流动。读书人要经过系统的经史教学，学习官方修订的四书五经。在学习的过程中，一方面传承了传统的制度和观念，另一方面为国家吸纳人才奠定基础。这种崇尚教育、选贤任能的传统对中华帝国的政治产生了不可估量的影响。中国古代的大多数知识分子可以通过科举考试等制度化渠道参与到政治生活中，并在这个政治社会化的过程中接纳国家的主流意识形态。很明显可以看出，传统中国没有出现如同近代早期欧洲那样鼓励国家与社会分离的制度和意识形态，因而主要存在一种国家与社会之间的非竞争性关系。即便在 18 世纪中国城市发展较为富庶的江南地区，知识分子和商人也没有发展成与君主、贵族相对抗的群体，大量精英被吸纳到帝国统治的秩序中来。

中华帝国可以看作一种“政教合一”的国家。中华帝国的文化具有极强的包容性，在历史上形成了儒释道三教并立的多元文化观念。儒家文化强调家国责任、尊卑有序，是一种积极入世的政治哲学。同时，外来的佛教和本土的道教，代表的是一种出世脱俗的宗教神学，强调超然世外、慈悲为怀。这些观念对古代中国人的日常生活产生了深刻影响，统治者通过对寺庙修筑、宗教拜神活动的相对包容，引导社会秩序的建立，树立主流的价值观念，确立符合国家和社会共同利益的价值理念。随着北方草原民族的征战，蒙古族和满族在汉族人口占多数的中华帝国建立了统治，但仍然采用正统的儒家文化来统御中国，并将自身民族文化融汇到汉族的传统文化当中。因此，中华文化有着极强的包容性，体现出一种海纳百川的胸怀。尤其是在清代，皇帝既是藏传佛教里面的活佛、蒙古人眼中的大汗，又是满人的首领、汉人眼中尊奉文教治天下的“圣主”，这种多重的宗教和世俗身份，是使国家维持凝聚力和统一的重要纽带。

（三）作为保障和调控的经济治理体系：福利和税收

农耕文明是靠天吃饭的文明，水旱灾害、蝗灾、气候变化等，都有可能带来粮食歉收。这不仅会削弱帝国的财富来源，更有可能产生大量的流民，而成为帝国的反抗者。在两千多年前的春秋战国时代，思想家管仲就已经提出了“仓廪实而知礼节，衣食足而知荣辱”的重要思想。中华帝国的历朝历代只要想维持稳定，无不把老百姓的吃饭问题放在重要的位置。在历史的演变中，中华帝国逐步创新形成了赈灾、荒政、社仓等制度，为灾荒时期的居民提供救济和帮助，形成了极具特色的早期福利国家模式，来实现社会的治理。

中国古代建立了完善的粮政、仓政和荒政系统，由此形成了一整套灾荒时期的社会控制体系。宋代著名大儒朱熹创设推动了社仓制度。社仓制度同时具有扶贫和赈灾的功能，不仅平年能对穷困的人提供保障，灾年或荒年对全村、全乡，甚至全县都能提供经济上的保障。社仓是以人民互助的方法组成的一种自治性组织，有效地达到了救灾扶贫的目的。社仓是中国古代社会保障制度的一项革命性的创新。它能同时发挥平年扶贫和凶年赈灾的功能，根除社会动乱的可能。法国学者魏丕信（Pierre-Etienne Will）对 1743—1744 年河北旱灾期间政府大规模且颇有效率的赈灾活动进行了缜密的研究。他认为，与近代以前欧洲相比，明清时期的中国有一个显著的特点，即拥有一个中央集权的国家和一套成熟稳定的官员制度。这一点正是中国具有比欧洲更强的抗灾能力的关键之所在①。中国国家组织的救灾活动，不仅十分周密详尽，而且已经制度化。

土地是中华帝国财富的主要来源。赋税和经济模式的不同，也使中国和欧洲的国家形成出现了差异。14 世纪，中华帝国更多的是依靠农业，而不是商业，与欧洲帝国的税赋收入的来源不一样。欧洲国家偏重支持特定行业的商人，以生产更多、外销更多、积累更多金钱的方式，使自己的国家更富有、更强盛。同时，欧洲奉行“无代表不纳税”的理念，在收税问题上形成了君主、贵族和城市市民的对抗，并逐渐发展出一套讨价还价的制度，三级会议、代议制等现代民主政治制度的形成都与其特定的环境有很大关系。然而，中华帝国的税赋大量来自农业，并长期坚持着“重农抑商”的策略。地方官员鼓励社会精英兴修水利、扩建粮仓以稳定农业税收，即便到了近代，帝国向外募集资金的时候，仍然是由政府主导，对协助政府在国内创立实业的商人授予官爵，劝导商人精英们承担社会责任。这种政府主导的政治经济模式，产生了独特的官商关系。

征收税负和摊派徭役被中华帝国的历代王朝认为是实行统治最急切的问题之一。税收和徭役是主要的财政收入来源。皇帝们通过设置一套工具，在最基层进行收税。在历史的发展过程中，中国逐渐建立了里甲制度，对居民人数进行登记，便于在乡村征税。政府编订了特别的“户册”或者“丁册”，来表明各户可征税人数，同时还根据土地的数量，编制了以土地税为基础的“丈量册”。里甲的职能就是定期协助地方官员编审缴纳税赋的册子，并且催促纳税人交税。但是，明代以来，这种征税能力有所下降也是导致帝国走向衰落的重要原因。19 世纪以后，随着战争和其他灾难使许多人陷于贫困破产，清政府的权威和统治效率大大削弱，政府征税的能力逐渐下降，出现了非常多的逃税和贪污腐化的行为。征税的困难有着

① 魏丕信. 18 世纪中国的官僚制度与荒政. 南京：江苏人民出版社，2003.

复杂的原因，但这并不影响中华帝国的税赋制度代代相传、不断创新①。

近代以来，中国人在帝国主义的侵略中屡屡战败，一度对自己的文明产生了不自信，以“西方中心观”的思维来审视自己，不能客观地看待过去取得的成就。近年来，越来越多的学者开始认真反思“西方中心观”和进化主义的理念，开始越来越回到真实的历史，摘掉有色眼镜，重新发现中国。潜心研究中国科学技术史的李约瑟认为，中国古代的科学技术，在很长的一段时间里都居于世界领先地位。农学、天文学、数学和汉医学等为世界文明的发展做出了很大贡献。西方著名学者弗兰克在其著作《白银资本》中指出，直到 19 世纪，全球经济的中心还在亚洲的中国和印度。英国学者安格斯·麦迪森在《世界经济千年史》中也估算认为：中国从 1000 年开始，GDP 一直占世界的 1/5 以上。1000 年，整个亚洲包括日本在内，其 GDP 总量相当于世界经济总量的 70.3%，而当时的欧洲只占世界经济总量的 14%（其中西欧占 8.7%）。欧亚对比，亚洲财富大约是欧洲的 5 倍。为了更好地理解全球经济中心问题，可参阅表 1－1、表 1－2 的内容。

表 1－1　　1000—1998 年世界 GDP 的结构　　（%）

年份	1000	1500	1820	1870	1913	1950	1973	1998
西欧	8.7	17.9	23.6	33.6	33.5	26.3	25.7	20.6
西方衍生国	0.7	0.5	1.9	10.2	21.7	30.6	25.3	25.1
日本	2.7	3.1	3.0	2.3	2.6	3.0	7.7	7.7
亚洲（不含日本）	67.6	62.1	56.2	36.0	21.9	15.5	16.4	29.5
拉丁美洲	3.9	2.9	2.0	2.5	4.5	7.9	8.7	8.7
东欧和原苏联	4.6	5.9	8.8	11.7	13.1	13.1	12.9	5.3
非洲	11.8	7.4	4.5	3.7	2.7	3.6	3.3	3.1
世界	100.0	100.0	100.0	100.0	100.0	100.0	100.0	100.0

资料来源：麦迪森．世界经济千年史．北京：北京大学出版社，2003：117.

---

① 萧公权．中国乡村：论 19 世纪的帝国控制．台北：联经事业出版公司，2014.

表 1-2　　1700—2015 年中国与美国在世界经济中的地位

年份	1700	1820	1900	1950	2001	2015
	人口（百万）					
中国	138	381	400	547	1 275	1 387
美国	1	10	76	152	285	323
世界	603	1 042	1 564	2 521	6 149	7 154
中国占世界比重（%）	23	37	26	22	21	19
	GDP（十亿）（1990 年国际元）					
中国	83	229	218	240	4 570	11 463
美国	0.5	13	312	1 456	7 966	11 426
世界	371	696	1 973	5 326	37 148	57 947
中国占世界比重（%）	22	33	11	5	12	20
	人均 GDP（1990 年国际元）					
中国	600	600	545	439	3 583	8 265
美国	527	1 257	4 091	9 561	27 948	35420
世界	615	668	1 262	2 110	6 041	7 154
中国占世界比重（%）	98	90	43	21	59	116

资料来源：麦迪森. 世界经济千年史. 北京：北京大学出版社，2003：130.

中国的现代国家的形成，有很多东西是独特的。美国加州大学亚洲研究所所长王国斌教授认为，中国并没有西欧意义上的市民社会，以及国家与社会区分的观念。这就意味着，中国的国家和社会的进化可能完全遵循不一样的路径。因此，在国家与社会、国家与经济的关系方面，中西有着明显的差异。比如在国家间关系方面，中国主要是面对游牧民族，中华朝贡体系形成了同心圆的模式，国家间的竞争比欧洲弱；在意识形态手段方面，中国主要是道德化意识形态，国家有先天的民生责任，创立了社仓制度等福利制度；在强制性手段方面，中国科举考试产生的精英和西欧贵族精英存在差异，前者精英同化程度比较高；在税收汲取和社会控制能力方面，中国古代创立了保甲、里甲、乡约等完备的社会控制体系，都要比近代以前的欧洲强很多，而中国国家创立的统治方式，是当时欧洲难以比拟的治理技术。中西方即使面临类似的政治治理问题，也会以各自独有的方式来解决。

李约瑟之谜：工业革命为什么没有发源于中国？

剑桥大学的李约瑟（Joseph Needham）博士是中国科学技术史研究的权威。他提出：为什么中国在历史上一直远远领先于其他文明？为什么中国现在不再领先于外部世界？

有学者认为，前现代时期，大多数技术发明源于工匠和农夫的经验。到了现代，技术发明主要是在科学知识的指导下通过实验获得的。欧洲在 17 世纪科学革命的时候就已经把技术发明转移到科学和实验上来了，而中国没有成功爆发科学革命的原因，在于科学制度使知识分子无心于投资现代科学研究所必需的人力资本，因而，从原始科学跃升为现代科学的概率就大大降低了。

另外一个解释是，17 世纪的欧洲通过海外扩张及其引发的激烈的国家间竞争而产生了现代民族国家，并改变了科学技术的发展轨迹。比如，欧洲国家之间的竞争使得欧洲在中国火药的基础上发明并改良火药武器。但火药在中国却被用于炼丹之术。总而言之，对中国过去的辉煌灿烂，不应该保持一种优越感。中国落后于西方，也并不是因为什么先天的、不可救药的原因，只要社会环境提供适当的激励机制，符合技术进步的规律，就能把国家竞争优势再度培育出来。中国真正走上工业化之路，依靠的是新中国成立六十多年来的持续积累和不懈努力，并不是回到中华帝国的历史去寻找慰藉。因此，只要对中国道路保持自信，中国人就会同他们的祖先以及西方同代人一样富有创造力。

资料来源：林毅夫. 制度、技术与中国农业发展. 上海：格致出版社，2014.

三、实现中华民族伟大复兴的中国梦

毫无疑问，中国在人类文明史上取得的成就是令人瞩目的，这也是中国共产党提出实现中华民族伟大复兴中国梦的历史缘由。习近平总书记在 2014 年 2 月 17 日举行的省部级主要领导干部学习贯彻十八届三中全会精神全面深化改革专题研讨班上发表重要讲话时强调："一个国家选择什么样的治理体系，是由这个国家的历史传承、文化传统、经济社会发展水平决定的，是由这个国家的人民决定的。我国今天的国家治理体系，是在我国历史传承、文化传统、经济社会发展的基础上长期发展、渐进改进、内生演化的结果"。他还多次强调要深入发掘中国传统文化的宝库，并在 2013 年十二届全国人大一次会议闭幕会上指出："中华民族具有 5 000 多年连绵不断的文明历史，创造了博大精深的中华文化，为人类文明进步作出了不可磨灭的贡献。经过几千年的沧桑岁月，把我国 56 个民族、13 亿多人紧紧凝聚在一起的，是我们共同经历的非凡奋斗，是我们共同创造的美好家园，是我们共同培育的民族精神，而贯穿其中的、最重要的是我们共同坚守的理想信念。""中华民族是具有非凡创造力的民族，我们创造了伟大的中华文明，我们也能够继续拓展和走好适合中国国情的发展道路。全国各族人民一定要增强对中国特色社会主义的理论自信、道路自信、制度自信，坚定不移沿着正确的中国道路奋勇前进。"①

随着中国的崛起和腾飞，中国人也开始更加客观地看待自己的过去和历史，多了一份从容，少了一点自卑。尤其是 20 世纪 90 年代以后，中国古代文化复兴的趋势愈加明显，这种"寻根"运动体现在中国人日常生活实践的诸多方面，目的都是要探索更加符合中国民情、中国人性格特征的治国理政方式，而不是简单地套用西方的、现代化的治理模式和发展道路。中国特色社会主义并不是从天上掉下来的，而是党和人民历经千辛万苦，付出巨大代价取得的成就。2013 年 11 月 26 日，习近平总书记在山东考察时指出："历史就是历史，历史不能任意选择，一个民族的历史是一个民族安身立命的基础。不论发生过什么波折和曲折，不论出现过什么苦难和困难，中华民族5 000多年的文明史，中国人民近代以来170 多年的斗争史，中国共产党 90

① 习近平．习近平总书记系列重要讲话读本：中华民族近代以来最伟大的梦想．人民日报，2016-04-20（9）．

多年的奋斗史，中华人民共和国 60 多年的发展史，都是人民书写的历史。历史总是向前发展的，我们总结和吸取历史教训，目的是以史为鉴、更好前进。”

2012 年，十八大刚刚闭幕不久，刚上任的习近平总书记就率领政治局常委到国家博物馆，参观了展览《复兴之路》。这个展览通过回顾 1840 年以来中国人民为实现民族复兴进行的种种探索，展示了中国人民怎样选择了马克思主义、选择了中国共产党、选择了社会主义道路、选择了改革开放的光辉历程。在参观结束后，习近平总书记对大家说：“我们比历史上任何时期都接近中华民族复兴的目标。落后就会挨打，发展才能自强。道路决定命运，找到一条正确的道路多么不容易，必须坚定不移地走下去。展望未来，全党也必须牢记，把蓝图变成现实，还将走很长的路。必须为之付出长期艰苦的努力。”实现中华民族伟大复兴，是中华民族近代以来最伟大的梦想。这个梦想，凝聚了几代中国人的夙愿，体现了中华民族和中国人民的整体利益，是每一个中华儿女的共同期盼。为此，中国共产党提出了“两个一百年”战略目标：在中国共产党成立一百年时全面建成小康社会，在新中国成立一百年时建成富强民主文明和谐的社会主义现代化国家。中国共产党执政，就是要带领人民把国家建设得更好，让人民生活得更好，实现中华民族的伟大复兴。

中国梦是一种形象的表达，不管是中国梦，还是哪个国家的梦，都体现了各国人民对美好生活的向往，对幸福生活的期待。二战后，大家认为“美国梦”就是有份好工作，有一幢白色篱笆环绕的房子和一辆车，家里至少有两个孩子。相应地，中国人也同样渴望“住有所居、劳有所得、学有所教、病有所医、老有所养”，能够过上幸福安逸的生活。但是，在迈向现代化国家的进程中，中国面临着许多前所未有的挑战和难题。比如，在市场机制作用下，一方面财富膨胀，另一方面贫富差距持续扩大。再比如，按照中国现行的贫困线标准，中国目前仍然有近 7 000 万的贫困人口，这部分人口年均收入仍然在 2 800 元以下，住有所居、学有所教、病有所医等对这部分人群来说依然十分困难。还包括快速城市化过程中出现的老龄化、少子化，以及各种各样的“社会病”“城市病”等。许多问题都是中华帝国时代不曾面对的，我们很难回到过去，回到古代找到良药。

中国梦也有自己的特点，体现出中国人对责任和价值的理解。尽管有美国政治家提出了“让美国再次辉煌”，但要注意到，美国人口不到全球人口的5%，却消耗了全世界25%的资源。这种以高消费、金钱至上为特点的“美国梦”广受批判，也不是中国人民所向往的生活。21世纪理想的中国人的生活方式与“美国梦”体现的高度个人化的生活方式不同。在此方面，中国传统社会的历史经验颇有借鉴意义。中华民族历代重视家庭和邻里关系，所谓“天下之本在家”。中国人奉行尊老爱幼、母慈子孝、兄友弟恭、耕读传家、知书达理的家庭美德。中国有13亿多人口、4亿多个家庭，家庭在中国人的生活中无疑占有至关重要的位置。习近平同志说，家庭和睦则社会安定，家庭幸福则社会祥和，家庭文明则社会文明。国家富强，民族复兴，人民幸福，不是抽象的，而是体现在千千万万个家庭都幸福美满上，体现在亿万人民生活不断改善上。在中国梦中，从来不简单地把财富、物质作为衡量标准，更注重的是和谐的人际关系，以及对家人、朋友的责任和奉献。中国的家庭反对“自私自利”，这对理解21世纪的成功标准提供了新的选择。

同时，中国梦还是和平、发展、合作、共赢的梦。中国人自古就主张“和而不同”。在中国历史上，中华文明以分享为主要特点，与许多西方现代殖民历史相比，中国人没有过扩张、称霸的殖民历史，没有过奴隶贸易、热衷入侵干预他国的历史。中国人希望提出一种新的全球文明观，在不同文明之间，国与国之间推动平等交流、相互借鉴、共同进步，构建共同繁荣的和谐世界，不能为了一己之私把一个地区乃至世界搞乱。中国共产党凝聚的是中华民族的整体利益、根本利益、共同利益，中国梦给世界带来的是和平，不是动荡；是机遇，不是威胁。中国梦与各国人民追求和平和发展的美好梦想也是相通的，中华文明体系中有着丰富的政治智慧，希望构建一个人类命运共同体。

中国梦是目标，如何去实现呢？世界政治发展的经验告诉我们，作为一个拥有 13 亿多人口的发展中大国，要把蓝图变为现实，有很长的路要走，需要执政者付出艰苦卓绝、持续不断的努力。近代以来的中国历史告诉我们，只有社会主义才能救中国，只有中国特色社会主义才能发展中国。经常有外国朋友问，你们所说的中国特色究竟特色在哪里？中国特色社会主义特就特在其道路、理论体系、制度上。中国道路来之不易，它不仅体现着近代以来人类对社会主义的美好憧憬和不懈探索，也代表了贫困的农业国家向现代工业国家转型的一种有效治理模式，包含了许多经过长期实践检验、符合发展规律的东西。实现中国梦必须走中国道路，弘扬中国精神，凝聚中国力量。

中国特色社会主义深深植根于中国社会土壤，是科学社会主义理论逻辑和中国社会发展历史逻辑的辩证统一。中国共产党建立的中华人民共和国继承了农业帝国的版图，却在推翻帝国的基础上建立起一整套具有中国特色的社会主义治理体系。客观地比较东西方各国的国情和历史，就要求我们跳出简单的传统与现代、野蛮与文明、东方与西方、民主与专制这样的二元对立，摘下有色眼镜来审视中国，审视欧洲，审视美国，审视其他非西方文明，更好地理解人类文明发展的多样性和复杂性。中华民族的文化基因是中国梦的根和魂，如果不理解中华帝国的历史，就无法理解中国人当下的激情、焦虑、忧愁，也不知道中华文明治理体系和理念的延续性。五千多年的华夏文明，为中国人提供了宝贵的遗产，势必也将在未来不断塑造中国治理的独特性。

（郑寰）

第 2 章

从严治党：打造中国治理的核心力量

2

从严治党：打造中国治理的核心力量

政党制度是现代国家的基本政治制度之一。世界上存在着两党制、多党制、一党制、一党居优制等各种各样的政党制度。中国实行的是中国共产党领导的多党合作和政治协商制度。中国共产党是革命型政党，自 1949 年以来，其执政已有 68 年，属于长期执政的政党。纵观世界，长期执政的政党经常面临以下问题：(1) 腐败陷阱（因为利益结构化而容易滋生腐败）；(2) 政党组织的官僚化和行政化（政党变成准行政机构，其结果是脱离人民群众）；(3) 创新性不足（缺乏危机意识，容易产生所谓“懒政”）；(4) 遭遇经济波动时容易陷入被动，遭遇变革挑战。面对这些难题，有些政党由于不具备革新能力而丢掉政权，使国家发展面临危机。那么，中国应如何破解这些难题？

一、变化世界中的中国共产党历史定位

通过政党来组织政府、实施国家政策，这几乎是现代国家治理的通用法则。政党如何治理国家？从世界范围来看，早先开启现代化进程的政党政治实践可以这样描述：第一步，在旧的政治体制里，经由各种政治势力展开博弈，或协商式或革命式地结束旧的政治统治，建立起新的现代民族国家；第二步，在认可并遵守新国家宪法框架和制度安排的前提下，在议会中活动的政治势力纷纷组成各式各样的政党，为获取上台执政的机会继续博弈。早发国家，如英国、美国、法国，都经历了先建立民族国家、后建立政党的发展路径。与此形成鲜明对比的是在 20 世纪波澜壮阔的世界政治舞台上形成的另外一种政党政治实践。这种政党是脱胎于旧的政治体制的社会力量组建的新兴政党，在“非法”存在的情况下，宣传自己的政治主张，组织并争取民众支持，最终成功地建立了新的民族国家。而后，同样是这个政党，经由人民选举产生的“议会”认可，主导了新宪法和一系列新制度的创设过程，从而使新国家历史性地烙上了这个政党的印记。这就是在近百年的世界政治舞台上出现的先建立政党、后由这个政党领导建立现代国家的新的发展路径，苏联和中国可谓这一路径的样板。

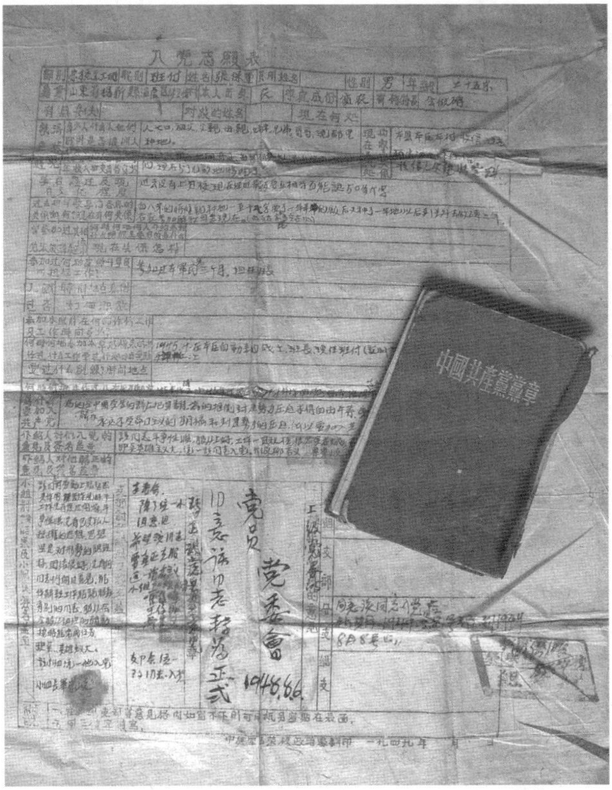

早期的《中国共产党章程》、入党志愿书

中国共产党领导中国人民建立中华人民共和国，带领人民制定和实施宪法，带领人民追求现代化目标，在实践中成为中国治理的领导核心。中华人民共和国成立以后，中国共产党带领人民开展国家建设和社会建设。为了克服中国共产党长期执政带来的种种问题，党内一直在进行探索，尝试建立权力约束制度，努力提高治理国家的能力。这个过程表现为两个历史性的变化：一个变化是共产党逐步从领导人民为夺取全国政权而奋斗的政党，成为领导人民掌握全国政权并长期执政的政党；另一个变化是共产党逐步从受到外部封锁和实行计划经济条件下领导国家建设的政党，成为对外开放和发展社会主义市场经济条件下领导国家建设的政党。今天，通过执掌政权，开展对内改革、对外开放，发展社会主义市场经济，已经成为中国共产党新的历史使命。毫无疑问，完成这些使命不是容易的事情，需要排除很多的阻力，应对很多挑战。而面对风险挑战，有效化解矛盾，引领时代发展，需要中国共产党整合社会各个阶层的力量，全力以赴。

二、中国共产党与国家治理

在国家治理中，政党是一个关键因素，是国家治理的推动者。在中国国家治理中，中国共产党的关键作用不但体现在执掌国家政权，更体现在持续有效地引领国家和社会的进步，这就是当代中国共产党领导国家政治体制。根据《中国共产党章程》的规定，党的领导主要是发挥总揽全局、协调各方的作用，开展政治领导、思想领导和组织领导，最大限度地凝聚起国家建设的各方力量，形成国家治理的合力。其中，政治领导，就是在坚持共产党领导下，把握国家治理的大方向，保障国家治理有序推进；思想领导，就是广泛倾听社会呼声，广泛凝聚社会共识，形成大多数人所接受的共同思想理念——社会主义核心价值；组织领导，就是为国家治理源源不断地提供大批建设人才，使这些人才成为国家治理不可或缺的资源。当代中国的国家治理过程，就是由中国共产党引领着国家和社会不断向前发展的过程。

（一）独具特色的政党制度

在中国国家治理体系中，中国多党合作制包括中国共产党和八个民主党派。八个民主党派分别是中国国民党革命委员会、中国民主同盟、中国民主建国会、中国民主促进会、中国农工民主党、中国致公党、九三学社、台湾民主自治同盟。在中国多党合作制度中，中国共产党与各民主党派长期共存、互相监督、肝胆相照、荣辱与共，共同致力于建设中国特色社会主义，形成了“共产党领导、多党派合作，共产党执政、多党派参政”的基本特征。中国共产党是执政党，八个民主党派是参政党，而不是在野党或反对党。当代中国的政党制度，就是中国共产党领导的多党合作和政治协商制度：一方面，中国共产党发挥领导功能，八个民主党派发挥合作功能；另一方面，中国共产党是执政党，八个民主党派是参政党。不同于其他国家政党间的相互竞争关系，中国政党制度的核心特点在于政党间的精诚合作与有效协商，政党在国家政治生活中的作用主要体现在集中精力为国家建设提出建设性的建议和对策。

民主党派大多数诞生于 20 世纪 40 年代，在第二次世界大战结束、中国人民刚刚取得抗日战争伟大胜利之际，古老的中国处在究竟向何处去的重大历史关头。中国共产党建立并领导了人民民主统一战线，联合包括这些民主党派人士在内的广大社会成员的力量共同斗争，在民主党派的拥护和支持下，在各民主党派自觉接受中国共产党领导的前提下，最终建立起中华人民共和国。回顾这段历史我们就会发现，中国共产党与八个民主党派是为伟大事业而奋斗的同路人，是长期共存、互相监督、肝胆相照、荣辱与共的关系，这个历史基因决定了合作共事是当代中国政党间关系的基本特点。由共产党领导，各个党派开展多党合作和政治协商，是今天中国政党制度的主体框架。这个制度框架，既为社会主义民主政治的发展提供了制度和实践平台，又为实现共产党的领导提供了政治基础，从而使中国各个政治力量之间形成了友好合作、共同奋斗而又能够相互监督、相互协助的政治局面，在相当程度上避免了相互倾轧和推诿扯皮。习近平总书记说：“在中国社会主义制度下，有事好商量，众人的事情由众人商量，找到全社会意愿和要求的最大公约数，是人民民主的真谛。”[①] 在中国共产党和民主党派的合作中，依据民主协商的原则，运用政治协商

---

① 习近平. 在庆祝中国人民政治协商会议成立 65 周年大会上的讲话. 人民日报，2014-09-22 (2).

的办法就事关国家发展重大问题开展认真调研、深入讨论、友好协商，已经成为中国国家治理体系中必不可少的环节。

毛泽东同志曾说过："国家各方面的关系都要协商。""我们政府的性格，你们也都摸熟了，是跟人民商量办事的"，"可以叫它是个商量政府"①。多党合作制度的价值并不仅仅在于形成什么样的表决结果，而是更多的在于决策前平等协商和反复讨论的过程。中国共产党为此建立了共商国是的朋友圈，各民主党派、全国工商联和无党派人士，各人民团体和各族各界人士，香港、澳门、台湾同胞和海外侨胞，都是参与国家治理的重要力量，都可以在公共事务的协商讨论中建言献策、出计出力。正如习近平总书记所说的："我们要坚持有事多商量，遇事多商量，做事多商量，商量得越多越深入越好。"②

这样一个制度在历史上发挥了重要作用，但不容忽视的是，民主党派的职能与其在国家治理体系中的地位不能完全匹配，还不能完全满足国家治理现代化的要求。特别是民主党派在履行参政议政、民主监督、参加中国共产党领导的政治协商三项主要职能过程中，民主监督职能还得不到最大程度的发挥，监督措施、监督效果、监督机制还有待改进。针对这一问题，中共中央办公厅专门下发了《关于加强和改进人民政协民主监督工作的意见》，通过会议监督、视察监督、提案监督、专项监督等形式，对重大方针政策和重要决策部署的贯彻落实情况开展监督工作。在 2017 年的 3 月召开的中国人民政治协商会议第十二届五次会议上，"民主监督"成为大会聚焦的主题，我们期待政治协商制度能够发挥更加积极有效的作用。

（二）中国共产党在国家治理中的作用

中国共产党在国家治理中的领导作用是如何发挥的？在实践中，中国共产党依靠民主集中制原则组织国家政权，通过党委（党组）制

---

①② 习近平．在庆祝中国人民政治协商会议成立 65 周年大会上的讲话．人民日报，2014-09-22（2）．

度领导国家发展，有效发挥党员干部的作用，通过领导小组制度协调各方力量，综合运用各种领导制度，力图清除政党组织推诿扯皮、信息不畅、基层组织涣散的病灶，形成党领导国家治理的有效机制。

1. 组织国家政权

中国国家政权是由中国共产党按照民主集中制原则组织起来并有效运行的，在决策过程中充分发扬民主，在决策产生以后集中大家的力量把决策落到实处。面对复杂的中国国情，这项制度在决策中充分体现了高效优势。在党内，民主集中制被视作党的根本组织原则，是党的根本组织制度和领导制度，同时，《中华人民共和国宪法》规定，我国国家机构坚持民主集中制的原则。在党内生活和国家生活中，这项制度也是治理体系运行的原则性规范。与行政首长负责制相比，民主集中制更强调通过集体领导、集体讨论、集体负责的方式形成决策，具有集体理性的优势；与政治协商制度相比，民主集中制更强调决策前充分发表意见的民主权利，需要服从于集体决策做出以后的集中意志和统一行动，具有执行力强的优势。这项制度对于中国这个快速发展的巨型国家而言，不仅是可能的，也是必要的。

2. 领导国家发展

中国共产党领导国家发展，是通过党的从中央到地方的 440 多万个组织实现的，是运用党的委员会制度巩固党的权威的。中国共产党是中国特色社会主义事业的领导核心，通过党的各级委员会来实现党的决策。一方面，中国共产党通过自己的中央组织、地方组织和基层组织，在各地区建立一套完善的党的组织体系，贯彻党的路线方针政策，这就是党的委员会制度。另一方面，基层政权组织、自治组织、群团组织、非公经济组织、社会组织等非党组织分散在经济和社会生活的各领域各行业，是国家治理体系的组成部分。将这些分散的力量形成推动国家治理的合力，就需要在党委的统筹领导下，协调地开展各自的工作。实现党委对这些组织的政治领导的方式，就在这些组织中建立党组，党委领导这些非党组织中的党组，这些党组在非党组织中贯彻党委的领导决策，这就是党组制度。需要注意的是，对于所有非党组织而言，党委的领导集中体现于政治领导，也就是大政方针的领导，而不是具体业务的领导和替代。

根据中共中央组织部发布的《二〇一六年中国共产党党内统计公报》，截至2016年底，中国共产党已经在大部分非党组织中存在，成为贯彻党的决策、推动非党组织发展的重要动力和保障（见表2-1）。

表2-1　　2016年非党组织中建立党组织的情况

非党组织	非党组织数量	已建立党组织比例
街道	8 138	>99%
乡镇	31 819	>99%
社区	97 911	>99%
建制村	550 636	>99%
机关单位	232 000	99.6%
事业单位	515 000	94.7%
公有制企业	189 000	91.3%
非公有制企业	1 855 000	67.9%
社会组织	289 000	58.9%

资料来源：中共中央组织部．二〇一六年中国共产党党内统计公报．人民日报，2017-07-03（11）．

3. 发挥党员干部的模范先锋作用

在政治生活中，一旦重要决策确定下来成为大家共同奋斗的目标，接下来最重要的事情就是选用合适的人通过具体操作来实现这个目标。这里提到的人，是一支庞大的高素质干部队伍，既包括按照政治家标准培养任用的高级领导干部，也包括千千万万工作在基层一线的党政干部。这些人是做好治国理政各项工作的“关键少数”，构成了中国共产党治理国家的最重要的政治资源。

如何用好这些政治资源？如何将这些政治资源转化为推动国家治理的动力？明代文学家、戏曲家冯梦龙在其《东周列国志》中讲道：

“大厦之成，非一木之材也；大海之阔，非一流之归也。”如果这个“关键少数”的群体都能够按照规则顺利完成自己的任务，那么国家治理体系的大厦就会更加稳固，国家治理能力的基础就会更加坚实。

在组织学中，组织自我更新能力和团队认同感的提升，都有赖于组织成员学习能力的提升，中国共产党这个巨型组织也不例外。中国共产党通过大规模地培养、选拔和使用好各类人才，将国家治理中人的因素激发起来，努力形成一个有强大行动力的政党。

在培养干部方面，习近平总书记提出，新时期好干部的标准是“信念坚定、为民服务、勤政务实、敢于担当、清正廉洁”。选拔千千万万适应国家治理体系和治理能力现代化需要的人才，显得尤为重要。大多数干部需要经历“必要的台阶”，在多个工作岗位递进式地接受历练和培养，经历一些难事、急事、大事、复杂的事，一级一级地升迁，逐渐积累丰富的领导经验。特别是对于年轻的干部，党组织鼓励他们到基层一线去接触实际情况。在工作期间，党员干部都要轮流到各级党校、行政学院、干部学院接受理论教育和业务培训，以提高不断学习的能力、解决新问题的能力和理论指导实践的能力。这种终身学习式的培养方式，为提高干部综合素质以胜任工作岗位起到了极为关键的作用。

在选拔干部方面，中国共产党各级党委下设的组织部被称为“干部之家”“党员之家”“人才之家”，主要负责做三类人——党政干部、普通党员、各类人才的宏观管理工作。这个规模庞大的组织系统所承担的职责主要就是为党的工作选拔干部。在党委、分管领导和组织部门等相关部门的统筹协调下，按照严格的标准和组织程序选拔党员干部，不唯选票、不唯分数、不唯年龄、不唯 GDP，注重一贯表现和日常工作，运用全面、比较、综合的方法考察干部。

在使用和管理干部方面，干部使用的渠道在不断拓宽，干部的管理在不断强化。比如，一些来自北京大学、清华大学等国内顶尖高校的青年博士，凭借扎实的专业知识和服务基层的热情，被选派到中国的县级政府担任领导干部，他们获得的第一份工作所达到的级别，可能是很多人直到退休都无法企及的。他们在县里为什么受到如此重用？专业的技能、热情的服务、开阔的视野、战略的眼光，恰恰都是基层社会最缺乏的发展动力。又比如，近些年海外留学归国人员呈逐年增多之势，这些人才所具备的国际视野和专业技能，是中国国家现代化治理的重要资源，因此他们很快就受邀担任公职，并被党组织视为潜在的发展对象。一些学者预测："智库将成为招贤纳士的重要渠道，由此或将出现一大批以政策为导向、具有前瞻思维的领导人。换言之，智库将在海归人员和党之间搭建一座桥梁。"[①] 再比如，一些从事科研工作、企业管理的高级人才，被选拔到党政领导岗位上，成为部门或地区的领导人，他们的专业技能和视野同样得到中国共产党的高度认可。就职于科研单位、高等院校、大型企业的海外留学归国人员以及其他类别的高学历人才，已经成为中国共产党干部人才库的一个主要组成部分。

当然，这样一支规模庞大的干部队伍，也存在一些突出的问题。例如，有的地方干部和群众关系比较紧张，有的地方出现塌方性、系统性、家族式腐败，有的干部不作为，懒政、怠政，有的领域对干部的监督缺失，等等，都需要在干部管理过程中加以解决。中国共产党按照管理要全面、标准要严格、环节要衔接、措施要配套、责任要分明的思路，构建起严格管理干部的体系，同时，还注意综合运用干部激励惩戒政策、完善干部能上能下机制等方法，提高干部管理的针对性、实效性。

4. 协调全国力量

中国共产党有效运用领导小组制度来提高决策制定能力、执行能力和统筹协调能力。中国的区域之间、部门之间、城乡之间、群体之间差异巨大，各产业发展差异巨大，民族众多，碎片化、自利化倾向

---

① 李成，徐培婧. 中国智库：招贤纳士的全新"旋转门". (2017-02-03). http://cn.chinausfocus.com/political-social-development/20170203/12266.html.

明显。依靠自身力量实现国家治理体系和治理能力现代化，无疑是一项浩大繁重的工程。建设这个工程，靠一个地区、一个部门、一个行业、一个群体的单打独斗是很困难的，需要在党中央的统一领导下，各地区各部门团结协作，在相对较短的时间里集中各方力量来解决这些不平衡、不协调的经济、社会问题。因此，在中国国家治理体系中，领导小组作为一种议事协调机构，将不同区域、不同领域有效协调起来，依靠大家的智慧、激发大家的活力、积累大家的共识、凝聚大家的力量，统筹解决问题，实现发展目标。比如，在财经、外事、党的建设等领域，中央财经领导小组负责对中国经济领域重大问题做出决策，中央外事工作领导小组负责对外事、国家安全工作领域的重大问题做出决策，中央党的建设工作领导小组负责对党建工作领域的重大问题做出决策。特别是党的十八大以后，中央全面深化改革领导小组、中央统战工作领导小组、中央军民融合发展委员会等新的领导小组先后成立，在党中央的统一领导下，在全面深化改革、统一战线、军民融合发展等领域贯彻落实中央决策部署，加强专题研究和有效协调各地区各部门，将分散的力量整合起来，形成国家发展的坚实动力。

同时，不可忽视的是，中国共产党的领导制度需要在实践中不断改革和改善。比如，民主集中制在有的领域变成“一把手”说了算，有的党委并没有承担起党的工作的主体责任，一些领导小组设置过多而影响工作效率。这些都削弱了中国共产党领导制度的有效性，侵蚀了其执政的基础，是需要认真思考并加以解决的时代课题。

三、全面从严治党：打造国家治理领导力量

如果说国家治理体系的现代化过程，是一个建构现代国家治理框架、完善现代国家治理机制的过程，那么提高国家治理能力现代

化水平就是将刚性的机制转化为现实有效的治理手段。从这个意义上讲，能否将国家治理体系现代化落到实处，有效提高国家治理能力现代化水平，才是对中国共产党的一场难度空前的大考验。只有坚持全面从严治党，保持自身肌体的健康，运用法治和制度建设的方式治理国家，紧紧依靠人民群众，才能将丰满的理想转化为美好的现实。

（一）保持中国共产党的先进性

政党是社会中部分成员的代表，承担着为一部分群体谋取正当利益的职责。在成立初期的一段时间里，中国共产党代表着工人阶级的利益，是工人阶级中优秀分子组成的先锋队。在长期执政过程中，中国共产党也代表着最广大人民的利益，是中国人民中优秀分子组成的先锋队。为什么要成为先锋队？原因就在于中国共产党只有在国家建设中凝聚先进分子，凡事想在前面、做在前面、示范在前面，才能有效地引领整个国家不断进步。因此，保持中国共产党的先进性，是党长期执政和国家长治久安的前提。

第一，需要保持理论的先进。理论是实践的向导。中国共产党善于将长期执政的丰富实践，总结提炼为具有指导性和务实性的理论成果。面对农村人口占绝大多数的状况，中国共产党创造了“农村包围城市”道路，形成了毛泽东思想，取得新民主主义革命的胜利。面对社会主义建设和改革的新情况，中国共产党积极探索，形成了中国特色社会主义理论体系，凝聚起共同发展的共识和力量。特别是党的十八大以来，以习近平同志为核心的党中央提出完善社会主义制度，实现国家治理体系和治理能力现代化的目标，发展了中国特色社会主义理论体系，指引着国家发展的方向。

第二，需要保持实践的先进。科学技术发展日新月异，经济社会生活每时每刻都在发生深刻变化，不断地给中国共产党的领导带来新的机遇和挑战。如何抓住机遇、应对风险挑战？对于中国共产党而言，就是要不断探索、不断实践，避免僵化、避免懈怠，努力寻求解决新问题的办法，用新的实践丰富和验证理论成果，进而完善理论成果。

第三，中国共产党的先进性体现在党组织和党员的具体行动上。一方面，中国共产党注重加强党员和干部的学习培训，发现新问题、解决新问题，不断提高他们的政治能力、组织能力和业务能力，使他们成为所在群体的优秀分子；另一方面，中国共产党注重吸收新的社会群体中的优秀分子成为共产党员，不断增强中国共产党在社会各个群体中的代表性，不断赋予党的先进性新的活力。

（二）把权力关进制度的笼子

如何保证执政党的权力受到有效约束？最基本的就是法治。根据《二〇一六年中国共产党党内统计公报》，截至 2016 年底，中国共产党党员总数为 8 944.7 万，占全国总人数约 6.8%，他们大多是所在行业和区域的先进人士，在日常生活中往往能够影响和带动身边的人们。如果党员的形象良好，自然会增加社会公众对于中国共产党的良好认知，巩固党的执政基础；反过来，如果党员违反法律的情况不断出现，就会损害中国共产党的整体形象，破坏党的执政基础。对此，中国共产党提出“治国必先治党，治党务必从严”，从制度治党、依规治党开始，在党内制定和实施比国家法律更加严格的纪律、制度和规矩，用来约束从中央到地方的各级组织和全体党员，不允许存在例外的组织和党员。在这个基础上，中国共产党领导人民制定宪法法律，并带头遵守宪法法律，坚持用法治思维处理平等主体间的权利义务关系，在社会上营造尊法、学法、守法、用法的氛围，使法治成为国家治理的日常。

在依靠制度管党治党的同时，中国共产党也在不断完善国家治理的制度。现代化的国家治理体系既包括国家根本制度——社会主义制度在中国的发展，也包括基本制度——基本经济制度、基本政治制度的建设，还包括各个领域的具体制度。表 2 - 2 提供了当代中国国家制度体系的主要内容。从根本制度上看，中国是一个社会主义国家。

从基本制度上看，中国构建起了包括经济、政治、分配等领域的基本制度。以基本政治制度为例，以各级人民代表大会为国家的权力机关，建立起国家权力体系；以中国人民政治协商会议为平台，建立起中国共产党领导的、各民主党派参加的多党合作和政治协商制度；在少数民族聚居区域，实行民族区域自治制度；在更广大的范围——城市和乡村——建立起基层群众自治制度。这样，涵盖不同区域、阶层、党派、民族、层级的制度体系就建立起来了。

表 2-2　　当代中国国家制度体系

制度形态	主要内容
根本制度	社会主义制度
基本制度	基本经济制度：以公有制为主体，多种所有制共同发展 基本政治制度：人民代表大会制度、中国共产党领导的多党合作和政治协商制度、民族区域自治制度、基层群众自治制度 基本分配制度：以按劳分配为主体，多种分配方式并存
具体制度	涉及内政外交国防、改革发展稳定、公共生活与权力制约、产权保护与公民权利等内容的各项具体制度

（三）依靠制度解决腐败问题

腐败问题是世界性难题。中国共产党面临的一个重大考验就是腐败现象突出。一个党好比一个人，其成长过程中需要通过强身健体来预防疾病。如何“强身健体”？中国共产党开出的“药方”是积极发展党内民主，充分调动党员的参与热情，充分发挥党员的建设作用，充分保障党员的民主权利，全党的事情由全体党员一起办，使每个个体动起来。党的执政如何实现预期目标？一个重要的前提是党的执政在科学、民主、依法的基础上运行，而这就需要依靠党内民主的力量作为保障。广大社会成员的权利如何实现并得到保障？一个重要的前提是作为执政党的党员权利得到保障，成为社会成员的良好示范。如何发挥党员权利？中国共产党积极探索党代表大会任期制、党代会代表常任制、党内质询、党员监督、党员评议等党内民主制度，为党员发挥作用搭建平台，实现党员有地方发出自己的声音，党员有能力参与党内事务，党员有权利监督党内权力运行过程。

人体生病了需要治疗，党内出现问题怎么解决？怎么才能使党的肌体恢复健康？中国共产党的“药方”是坚决净化党的组织、纯洁党的肌体——全面从严治党。一方面，中国共产党采用“打虎”“拍蝇”“猎狐”的方法，按照党规党纪处理党内腐败分子。不论他们是什么级别的官员，身在何地，都要绳之以法；另一方面，中国共产党积极完善党规党纪，按照依规治党的思路，强有力地惩治给党的肌体带来侵害的腐败分子，把权力关进制度的笼子，逐步形成不敢腐、不能腐、不想腐的体制机制。政党具备自我净化、自我提升的能力吗？这在有些人看来似乎是个伪命题。他们认为政党只有在相互竞争中才会使自身得到提升。事实并不是这样。任何一个政党，只要以执掌政权为目的，都会自觉地审视自己身上存在的问题并加以改正，都不会坐视不理、任凭错误越来越大，自我淘汰于激烈的竞争之中。只不过有的政党自我净化的决心不足，有的政党没等实现自我净化就丧失了政权，这样的教训是惨重的。

（四）紧紧依靠人民群众

古希腊神话中有位英雄，名为安泰，只要他身不离地，就能从大地母亲那里获得无穷力量，所向无敌，但只要他一离地，就立刻失去力量。这警示人们，任何强大的力量都离不开生养它的根基，任何强大的力量一旦成为无源之水、无本之木，就会陷入绝境。这个道理已经为世界历史所反复证明。中国共产党人同样明白这个道理。为人民服务，是中国共产党诞生近百年来得出来的一个道理。经过 28 年的持续奋斗，中国共产党带领广大人民建立了中华人民共和国；今天，人民坚定不移地支持中国共产党科学执政、民主执政、依法执政；面向未来，人民群众对美好生活的向往，就是中国共产党的奋斗目标。紧紧依靠人民，保持同人民群众的血肉联系，就是中国共产党持续执掌政权的“秘密武器”。

党的领导人胡耀邦在河南农村考察时访问农家

从1921年成立到1949年领导人民建立新中国，中国共产党在极其艰难的生存环境中发展壮大，靠的就是群众路线这个“法宝”。

从新中国成立到1978年改革开放前，中国共产党从熟悉的农村走向了相对陌生的城市，面对的是经历了连年战争、工业基础薄弱、人民生活水平极低的社会状况。中国共产党继续采用把群众动员起来的办法，希望通过与人民群众的共同努力实现现代化，实现国家的富强。尽管当时由于执政经验缺乏，受客观因素制约，动员群众的方式在一些时期并没有取得好的效果，甚至在一定程度上破坏了原本极为深厚的党群关系，但中国共产党依然带领群众取得了社会主义建设的好成绩，并为今天中国的改革开放准备了条件。

从改革开放到今天，中国社会的面貌发生了前所未有的深刻变化。群众对美好生活的向往已经超越简单的物质生活，而是向往更高层次、更加多样的物质生活，向往更加丰富多彩的精神生活，并且希望参与到更多的公共事务中来。《管子》中有“以天下之目视，则无不见也；以天下之耳听，则无不闻也；以天下之心虑，则无不知也”，讲的就是人人参与、群策群力的重要性。中国共产党努力推动形成更加公平合理的社会环境，努力维护社会生产生活的正常秩序，更加注重调动各阶层群众的积极性、主动性、创造性，使社会良性运转起来，使群众成为社会治理的主要力量。

多项研究表明，经济波动时期社会公正一旦加剧受损，就可能引发社会动荡和经济持续滑坡。1997 年亚洲金融危机、2008 年国际金融危机以及此后的全球经济萧条，不但考验着中国共产党的经济治理能力，更考验着中国共产党维护社会公平正义的决心和能力。实际上，在党内还存在一些党员干部贪污腐败，损害群众切身利益的现象；一些党员干部肆意践踏法律法规，突破社会公平正义的底线的现象；一些党员干部不作为，贻误经济社会发展时机的现象；等等。中国共产党清醒地认识到这些问题对群众的严重危害性，也一直在通过完善制度体系、加强对制度执行的监督、调动干部干事创业积极性等方式一步步地解决问题。

政党是现代国家政治生活的核心。理解当代中国，离不开对中国共产党的理解。近年来，世界上不少有识之士都对中国共产党产生了浓厚的兴趣：为什么中国共产党能够取得举世瞩目的执政成就？为什么中国共产党成立 90 多年、连续执政近 70 年，依然充满生机活力？为什么能够管理好这么多党组织和党员？[①] 当人们审视和思考中国共产党领导中国人民开展革命到建设国家的历史过程时，就会越来越关心中国共产党是怎么一步步走到今天的，越来越好奇中国共产党如何治理这个有着五千年文明史、近 14 亿人口、960 万平方公里土地的巨型国家，也越来越关注中国共产党将如何实现战略目标，将把中国引向哪里，又能为世界做出什么贡献。中国共产党立足世情、国情和党情，不断应对重大风险和艰难挑战，在实践中给出了自己的答

① 谢春涛．中国共产党读本．北京：中国青年出版社，2014：8-9．

案——中国共产党顺应世界发展潮流，有理想、能担当、善作为，具备自我修正、自我革命的勇气和实力，具备为老百姓办实事的意愿和能力，走出了一条大党治理巨型国家的新路子，能够引领国家走向更加美好的明天。

（张博）

China's Governance

第 3 章

依法治国：迈向现代治理的中国法治

3 依法治国：迈向现代治理的中国法治

2011 年，吴邦国委员长提出“中国特色社会主义法律体系已经建立”的论断，标志着改革开放 30 多年来的法治建设取得了阶段性的胜利。2012 年，在现行宪法颁布 30 周年的纪念活动中，习近平总书记提出坚持法治国家、法治政府和法治社会一体建设，不断开创“三位一体”的依法治国新局面。2014 年，十八届四中全会在“全面依法治国”的主题下，提出了“社会主义法治体系”的概念，使得近几年来在中国日渐重要的法治话语获得了更高的支持。与法律体系相比，法治体系的概念扩展了规范体系的范围，使得党内法规被纳入规范体系之中，由此构成了党纪与国法的“二元结构”。2016 年，十八届六中全会提出了“全面从严治党”的要求，随后中共中央办公厅、国务院办公厅印发了《党政主要负责人履行推进法治建设第一责任人职责规定》。

中国共产党和中国政府虽然高度重视法治，但中国法治建设仍然存在不少问题。正如《中共中央关于全面推进依法治国若干重大问题的决议》所指出的：“同党和国家事业发展要求相比，同人民群众期待相比，同推进国家治理体系和治理能力现代化目标相比，法治建设还存在许多不适应、不符合的问题。”对于大部分的外国观察者来说，中国可能是一切原则的例外，这里面存在许许多多的悖论。例如，一方面强调国家立法，另一方面将党的政策置于日趋重要的地位；一方面强调建构司法公信力，另一方面重视庭外调解、信访制度；一方面强调法官的独立审判，另一方面坚决划清与西方“司法独立”的界限。在中国共产党越来越重视法治的今天，我们需要更好地理解中国法治，既要从总体上理解中西之别，又要从某些重要的制度上认识什么是中国特色。

一、中国的百年法治路

从清朝末年开始，一些先进的知识分子开始较为系统地学习西方的法律，但“西法东渐”的背后更是对现代国家的思考。现代法律本质上是一种全新的国家治理手段，每一种法治模式都代表着一种不同的国家道路。一个多世纪以来，中国经历了三次学习西方法律的热潮：第一次是清朝末年对德日大陆法系的学习，第二次是新中国成立之后对以苏联为代表的社会主义法的全盘吸收，第三次是改革开放后对西方法律的重新学习①。但是不管怎么学习，我们面临的核心议题首先都是建立一个具有强大中央权力的现代国家，其次才是法律制度问题。也正因为法律改革只是国家建构的一部分，我们在学习法律的时候也必然会采取一种近乎实用主义的立场。"实事求是"的另一层意思，即不唯书、不唯理，只认实践。实践是检验真理的唯一标准，而不是用教条的理论来裁剪现实。落实到法治建设之中，中国不可能完全按照某种西方模式的法律来改造中国，而是一定要把西方的经验与中国的特色结合起来，寻找一种使中国走向独立、解放与富强的法治道路。那么，什么样的法治模式是合适的？这要与当时国家的使命联系在一起。

无论是在革命战争年代，还是社会主义建设时期，中国共产党都十分注重以法律的方式来管理国家。早在革命根据地时期，就打好的良好的政法基础。新中国成立之后，很快就制定了《中华人民共和国婚姻法》和《中华人民共和国土地改革法》，这是改变旧中国社会基础的关键所在。这两部法律实际上是中国当时的宪法性法律，从这个意义上来说，新中国成立初期制定法律，并不是要把国家生活纳入法律的教条之中，而是在政治生活发生革命性变化之后，用法律来宣告和确认这种转变。一旦政治形势发生变化，法律所规定的条条框框也自然需要被改变。所以，即便 1950 年颁布的《中华人民共和国土地改革法》规定将土地分给农民，实行土地私有制，但是 1953 年的"三大改造"的政治决断却可以违反《中华人民共和国土地改革法》的规定推行土地公有制，其目的是要进行社会主义改造，确立一套新的国家和法的学说，确立社会主义的法权秩序。

---

① 公丕祥．二十世纪中国的三次法律革命．中外法学，1999（3）．

在新中国刚刚成立的时候，百废待兴，很多问题还没有形成最终的决议，不可能在法律框架内亦步亦趋。中国的社会主义建设是一项开创性的工作，在探索中曲折行进是常态，这就决定了实践中政治与法律的复杂关系。新中国成立之初，最大的政治是实现国家的发展，而不是按照某种理念或法律条文去束缚国家建设的手脚。中国共产党在新中国成立初期的探索中，很多时候也是超越法治的，但新中国所确定的基本政治原则从来没有发生过变化。例如，政治领域的人人平等、人民当家作主、社会主义制度从来没有发生改变，经济领域的公有制从来没有发生改变，社会领域的男女平等、保护老弱妇孺从来没有发生改变，这是“守法”与“违法”的一种辩证法。但是，由于盲目照搬苏联模式，又在社会主义建设方面缺乏经验，我们在如何处理计划与市场的关系、如何密切党与群众之间的联系、如何平衡党的领导与国家管理之间的关系上没有建立良好的制度，以至于后来发酵为重大失误。

中国共产党领导的法治建设经历了曲折的过程。正如美国在经历内战之后才明白了林肯所说的“分裂之家不可长存”那样，中国在经历了政治运动的混乱之后，才明白了社会主义民主的可贵、社会主义法治的重要。这是任何民族在开启一种新的探索时几乎都要遇到的问题。当然，我们要尽量使改革的失误和代价小一点，而且同样的错误不能犯第二次。1976 年“文化大革命”结束，经历两年的停顿后，1978 年的改革开放彻底结束了“以阶级斗争为纲”的路线。国家工作重心转移到经济建设上来，GDP 成为此后 30 多年间最重要的评判标准。这带来两个变化：第一，法治建设重新提上日程，社会主义市场经济是法治经济，只有通过法治才能为经济建设提供所需的环境；第二，法治建设中混杂了许多知识传统，在实用主义原则的指导下，不管哪个国家的法律、制度，只要是符合“三个有利于”的标准，都可以学习、借鉴，并未系统地学习某个国家的法律。

当下中国的法治体系就混合着各种西方元素，这一点在法学研究中表现得最为明显。如宪法学研究借鉴了美国的相关经验，民法学研究借鉴了德国的大陆法系，刑法学研究借鉴了日本的刑事立法等，这些不同国家的法治资源在中国的法治时局图中都可以找到自己的位置①。为什么这些看似完全不同的传统可以共存而不冲突？原因是多方面的，但关键在于，这些法治资源在进入中国之后，都经历了一定程度的改造。所有的法治思想都要符合中国的需要，符合中国人民的需要，符合党的政策，这种“过滤”“筛选”使得各种法治资源之间的冲突被限制在一个可以接受的程度。但是，这种进路带来理解上的困惑，那就是不管按照哪一个国家的法治标准，中国的法治都不那么典型，中国特色社会主义法治建设包括了非常复杂的框架体系。我们将从社会主义全面依法治国体系的角度阐释中国特色社会主义法治的特色，理解法治在现代化治理体系中的地位与功能。

二、中国特色社会主义宪法观念

宪法是指对一个国家根本政治经济社会文化制度的法律规定，对公权力和私权利，以及两者之间的关系做出了基本规定。2012 年 12 月 4 日，习近平总书记在首都各界纪念现行宪法公布施行 30 周年大会上的讲话中重申了对宪法的尊重，号召国家机关、全国人民尊重宪法，培养宪法法律意识。2014 年 11 月，全国人大常委会第十一次会议将 12 月 4 日定为“国家宪法日”。中国的宪法观念日益增强。

(一)《宪法》之外的“不成文宪法”

1954 年 9 月，我国的第一部宪法诞生。但是，在大变革的时代，不可能通过一部成文宪法将所有重大问题规定下来。在经历了十几年的政治运动后，1982 年颁布了现行宪法。由于改革的步伐从未停止，在日新月异的形势下，任何文字都不可能成为改革的束缚，所以也就

① 凌斌．中国法学时局图．北京：北京大学出版社，2014.

出现了公开的或者隐蔽的违反宪法的行为。这就需要我们更新“宪法”理念。“宪法”不仅包括一部名为《宪法》的文本中的条文，还包括了在这个国家的政治经济社会生活中发挥实际效果的规则。也就是说，在成文的宪法之外，还存在发挥实际作用的“不成文宪法”(unwritten constitution)。耶鲁大学法学院斯特林讲座教授阿玛尔认为，在美国的成文宪法之外，还需要将先例、一些基本原则纳入“不成文宪法”之中，这些“不成文宪法”是美国人以生活铸就的。在中国，这种“不成文宪法”包括了宪法惯例、宪法学说、宪法性法律等，它们共同构成了中国人生活的“总章程”[1]。“不成文宪法”理论的最核心任务，就在于将中国共产党的执政实践纳入我们的宪法思维之中。《宪法·序言》确认了中国共产党在国家生活中的主导地位，但是在具体条文中涉及较少，需要将更多的文本纳入我们的“宪法”概念体系中。

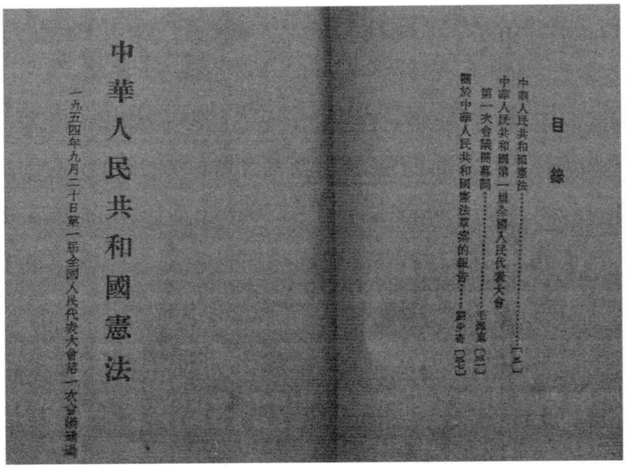

新中国的第一部宪法

宪法不仅包括了《宪法》文本，还应该包括了《中国共产党章程》，只有采取这样的视角去理解宪法，才能真正理解中国的政治现实[2]。这种理解进路与党的十八届四中全会后对“社会主义法治体

① 强世功. 中国宪法中的不成文宪法：理解中国宪法的新视角. 开放时代，2009(12).

② 强世功. 党章与宪法：多元一体法治共和国的建构. 文化纵横，2015(4).

系”的理解非常吻合，在党的十八届四中全会通过的《中共中央关于全面推进依法治国若干重大问题的决议》中，依法治国的总目标就包括了党规与国法两个部分所组成的“法治体系”：

> 全面推进依法治国，总目标是建设中国特色社会主义法治体系，建设社会主义法治国家。这就是，在中国共产党领导下，坚持中国特色社会主义制度，贯彻中国特色社会主义法治理论，形成完备的法律规范体系、高效的法治实施体系、严密的法治监督体系、有力的法治保障体系，形成完善的党内法规体系，坚持依法治国、依法执政、依法行政共同推进，坚持法治国家、法治政府、法治社会一体建设，实现科学立法、严格执法、公正司法、全民守法，促进国家治理体系和治理能力现代化。

社会主义法治体系包括了法律和党内法规两个部分。在宪法层面，宪法自然也要包括《宪法》和《中国共产党章程》两个内容。除了从“不成文宪法”的角度来理解中国宪法之外，还有学者从政治哲学的角度指出，宪法本身只是制宪的结果，而中国共产党和人民是作为制宪主体存在的，所以宪法条文本身不可以约束作为制宪主体的党和人民[①]，换句话说，党和人民的政治实践，才是活的宪法的真正源泉。由此，我们可以看出，当下中国的法治建设不仅仅包括了国家立法活动，还将执政党的政策、党内法规纳入其中。

（二）党的领导与中国宪法

《宪法》对中国共产党领导的多党合作和政治协商制度做出了规定。中国不存在在野党或反对党的说法，中国共产党居于领导地位，是执政党，八个民主党派是参政党，是共产党的亲密友党，对国家事务建言献策。在每年的 3 月初，“两会”召开，其中，政协开会在前，人大开会在后，通过这样的方式，将最广大中国人民的意志反映到国家决策

---

① 陈端洪．制宪权与根本法．北京：中国法制出版社，2010．

当中，实现国家治理的最优化。通过大家所熟悉的“两会”，将共产党的执政与民主党的参政议政结合起来。

人民代表大会制度是我国的根本政治制度，权力来自人民，通过人民代表大会实现了权力从人民到各个国家机构的授权。在中央层面，国务院既是全国人民代表大会的执行机关，也是最高的行政机关；最高人民法院和最高人民检察院行使国家的司法权。无论是国务院，还是最高人民法院、最高人民检察院，都由全国人大产生，向全国人大报告工作，不存在西方所说的立法权、行政权和司法权之间的分权与制衡。作为最高国家权力机关的全国人民代表大会，对最重大的事项具有最终的决定权。通过主导全国人民代表大会的议程设置，中国共产党的意志通过全国人大的方式变成国家意志，这不仅体现在法律的制定上，还可以从重大国家战略、政策的出台上看出来，如党对“五年规划”的主导。

2015 年 10 月，党的十八届五中全会通过了《中共中央关于制定国民经济和社会发展第十三个五年规划的建议》。2016 年 3 月，十二届全国人大四次会议审议并批准《中华人民共和国国民经济和社会发展第十三个五年规划纲要》，最终使得党对未来五年规划的重大决策变成了国家意志。在这个过程中，民主党派和无党派人士的意见通过各种渠道汇入。中国共产党在吸纳多方面意见基础上制定的大政方针，通过全国人大真正落实到国家生活的方方面面。

也就是说，在中国的法治体系中，执政党的角色非常突出，这与很多国家存在区别。在美国的政治运作中，政党似乎只是一个若隐若现的存在。一旦选举结束，被选上的政治家需要对选区的全部选民负责，其党派性不再突出。尽管在议会中可能会因为党派的问题与行政权形成对抗，但是普通美国人的生活中似乎看不到政党。而在中国人的生活中，执政党是无处不在的。更为重要的是，在国家机关之外，存在着与之并行的党的系统，而且在党政系统的关系中，党是处于领导地位的。这些都保证了执政党对国家有着强大的领导力，这种领导力在法治建设中亦是如此。

三、不断完善的中国司法

在中国 30 多年的法制改革中，司法改革可谓是一马当先，如何理解司法的弱势地位和司法改革的欣欣向荣？出现这种现象的原因是多方面的：第一，在各项改革中，司法改革的阻力比较小；第二，司法问题往往与具体的个人相联系，最能引发社会舆论的关注；第三，西方国家对司法的重视，也影响了中国研究者的旨趣，很多研究者希望以司法改革为突破口，推动中国的政治改革。在我们分析司法改革时，需要注意两点：其一，中国的司法改革在很多方面是契合于世界普遍司法规律的，也取得了很大的成绩，党的十八届四中全会通过的《中共中央关于全面推进依法治国若干重大问题的决议》在很多方面延续了这一方向；其二，中国的司法改革有其自身的特色，无论怎么改革，有些根本的宪法原则是无法突破的，也不能突破。

（一）法治专门队伍的规范化与职业化

从 20 世纪 90 年代开始，提升法官的职业化水平，就成为司法改革的重头戏。1995 年《中华人民共和国法官法》对法官任职条件做了大幅度的调整，要求新任法官必须取得相应的法学教育学历并通过统一的司法考试。之后，最高人民法院在《关于未取得初任审判员、助理审判员考试合格证书的法院工作人员不能提请任命为审判员或者任命为助理审判员的通知》文件中，要求《中华人民共和国法官法》实施前的法官，必须要在 2005 年底之前完成相应的学历教育[①]。在 1987、1992、1995、2000 年，中国法官中获得大专以上学历的比例分别为 17.1%、66.6%、84.1%、100%，短短 13

① 邵六益. 政法与法政：司法话语的变迁（1998—2008). 北京大学博士学位论文，2016.

年，实现了巨大的飞跃（见图 3-1）。以接受过本科教育的比例来看，1995 年全国法官中只有 6.9%的人接受过本科教育，而到 2005 年，这个比例提高到 51.6%（见图 3-2）。

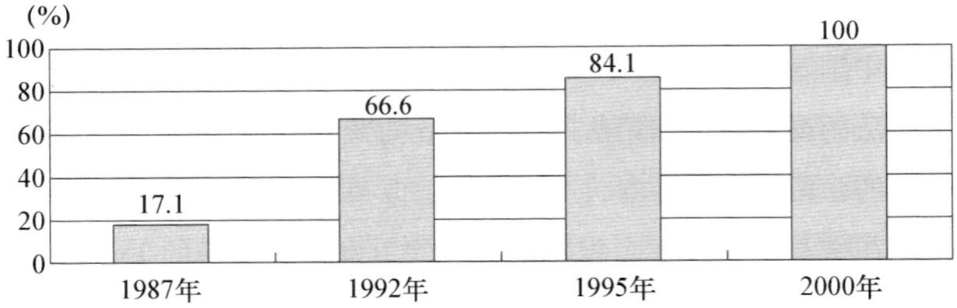

图 3-1 中国法官获得大专以上学历的比例

资料来源：朱景文. 中国法律发展报告：数据库与指标体系. 北京：中国人民大学出版社，2007：34.

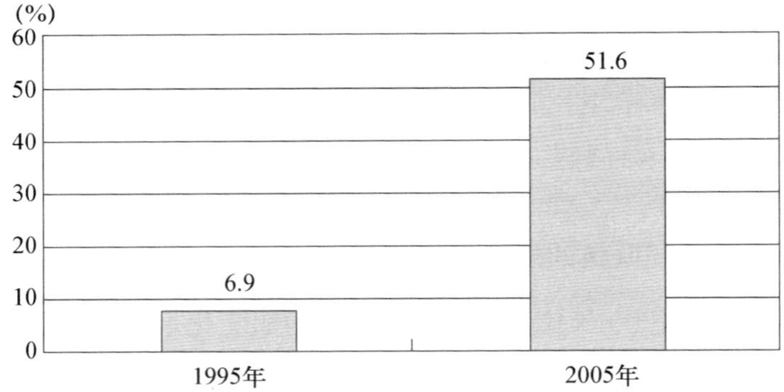

图 3-2 1995 年和 2005 年全国法官本科学历所占比例

资料来源：朱景文. 中国法律发展报告：数据库与指标体系. 北京：中国人民大学出版社，2007：198.

（二）法院独立行使审判权

《宪法》规定人民法院独立行使审判权，不受任何国家机关、组织、个人的干预，但是独立审判权不能简单等同于“司法独立”。所谓的“司法独立”就是法院在审判案件时可以在法律规定的范围内任其所愿地判决，不管这种判决造成什么样的后果。人们不可以对法院的判决提出质疑，更不能对法官的职务、待遇做出不利处罚。以美国为例，尽管理论上存在对法官弹劾的可能，但实际上绝少出现。法官只需要按照法律办案，就不存在错误一说。反观中国，法官在审判案件时，不能仅仅考虑法律的规定，还需要考虑判决的社会效果，法院需要追求法律效果与社会效果的统一。带来较坏的社会效果的判决，不能说是个好判决。这样就有一个问题，既然中国的法律是党领导下的全国人大制定的，为什么法院严格执行法律，却不一定都能带来良好的社会效果呢？

在中国的立法权限划分体制下，中央和地方分享立法权，法律在其效力范围内对所有人平等适用，全国性的法律更是需要对 13 亿多人有效。但是，并非所有法律都可以同等地满足 13 亿多人的具体要求。尤其是在改革开放后，中国社会开始重新分化，城乡、工农、东西差异逐渐拉大，不同经济社会发展阶段将偌大的中国分成了两个部分：一个是现代的工商业文明，以及其所需要的陌生人社会的法律；另一个是传统的农业文明，以及其所需要的熟人社会的法律。这两种需求不仅仅是根据地域、空间而截然分开的，城市中也有诸如农民工这样的群体，无法简单地在城市、乡村的司法模式之间做一个划分。

不同的人群，对法官的期待也不尽相同。一些人期待的是中立消极的法官，仅仅根据法律来处理纠纷，而另一些人则希望遇到一个积极的法官，帮助他们提出合适的诉讼主张，帮他们搜集证据，跳出法律的规定，实现最大的社会效果。对于法官来说，最保险的方法就是在审判过程中，平衡法律与政策、法律效果与社会效果。中国的法官不仅仅是一个普普通通的司法官员，他们还是党员对人民负责的方式。法官不仅仅是技术官僚，承担一种法律责任，还与其他的国家工作人员一样，承担着政治责任。政治责任的归责原则是无过错的连带原则，只要是审判活动导致了坏的后果，不管法官行为与这种结果之间有什么关系，他都要为此负责。实现法官职责的“去政治化”，将会是一个漫长的过程①。

---

① 张慧鹏．广东高院终审判决：莫兆军无罪．人民法院报，2004-07-01.

在过去的司法改革中，曾经经历了以专业化为取向的改革期，如提高法官任职的学历要求、重视判决抑制调解、强调审判的程序化等，但是，部分民众的司法需求不能得到满足，最终还是走向法院调解[①]。强调判决、抑制调解的结果有时会产生不公平，真正可以在专业化的司法审判中获利的主要是有权势的当事人。因此，仅仅强调法律效果得不到人民的支持，进而也就导致了执政党司法政策的调整，从法律至上回归到党的领导、人民当家作主和依法治国的有机统一[②]。

对于执政党而言，司法是众多社会治理手段中的一种，尽管没有赋予其唯一的或者至上的地位，但是其地位正在日趋提高，成为治国理政的关键所在。党和国家的文献越来越体现出对司法规律的尊重。例如，针对广受诟病的领导干部干预司法的问题，党的十八届四中全会通过的《中共中央关于全面推进依法治国若干重大问题的决议》要求建立领导干部干预司法的全程留痕制度，针对庭审的形式化问题，要求健全审判中心主义改革，所有这些都有利于司法工作向着更为专业化的方向发展。当然这种发展一定是在执政党的领导下进行的，而改革的目的则是更好地适应人民的司法需求。“司法为民”是一个大口袋，无论是司法的职业化，还是司法的大众化，都可以置入“司法为民”的旗帜之下。

四、治国必先治党

中国共产党在国家生活中发挥着如此重要的作用，为了保证党执政的效果就必须从严治党，否则我们追求和奋斗目标将无法实现。在

---

① 邵六益．悖论与必然：法院调解的回归（2003—2012）．华东政法大学学报，2013（5）．

② 邵六益．政法与法政：司法话语的变迁（1998—2008）．北京大学博士学位论文，2016．

中国，只有在党的领导下依法治国，才能充分实现人民当家作主，才能有序推进国家和社会生活的法治化。依法执政，既要求党依据宪法法律治国理政，也要求党依据党内法规管党治党。

（一）把纪律挺在前面：党纪严于国法

依法治国的领导力量是执政党，尤其是执政党的领导干部是推进法治建设中的“关键少数”，他们对法治建设的影响既可能是正面的，也可能是负面的。正如习近平总书记在 2015 年 2 月 2 日省部级主要领导干部学习贯彻十八届四中全会精神全面推进依法治国专题研讨班开班式上所指出的：“事实证明，领导干部对法治建设既可以起到关键推动作用，也可能起到致命破坏作用。”治国必先治党，治党务必从严，如何将依法治国的领导力量纳入规范的管控范围之中？在管党治党的框架中，法律仅仅是其中的一小部分而已，更为重要的是大量的党内法规，但长期以来，人们将注意力放在国家制定法律之上，对党内法规关注不多。所幸这种状况正在发生变化，笔者之前也提到过，已经有学者主张将《中国共产党章程》、法律惯例等一起纳入宪法体系之中。在党的文献中，也逐渐改变了对法治的理解，党的十八届四中全会“社会主义法治体系”的提法实际上将党内法规、社会规则都纳入其中。

“党内法规”这个概念本身并不是一个新鲜词汇，早在 1938 年，毛泽东就提出了这个概念，此后历届领导人均沿用这一说法。1990 年，《中国共产党党内法规制定程序暂行条例》正式使用这一说法。20 多年来，我们已经形成了由数百项准则、条例、规则所共同构成的党内法规格局。但与此同时，党内法规的权限不清、程序不规范、滞后性等问题，也在一定程度上影响了党内法规的权威性和严肃性。2012 年 6 月，中共中央办公厅印发《关于开展党内法规和规范性文件清理工作的意见》，要求对新中国成立后制定的党内法规和规范性文件进行全面清理。2013 年 5 月，《中国共产党党内法规制定条例》和《中国共产党党内法规和规范性文件备案规定》公开发布，这是中国共产党第一次出台正式的、公开的党内法规制定及备案程序文件，被舆论称为“党内立法法”。其从以下两个方面推进了法治事业的进步：第一，首次提出编制党内法规制定工作五年规划，使得党内法规建设摆脱了随意性的弊端，向着更为科学化的方向发展；第二，在治国理政过程中植入了更多的“法治”思维。

过去，党内法规制定缺乏统一、严格的规范要求，立法水平很可能不高，一旦党内法规进入法治的视野之中，我们就要预见到党规与国法发生冲突的可能，如何保证两者可以互相配合、互相补充、并行不悖？除了需要从理论上说清楚两者的关系之外，还需要具体地解决两者可能存在的冲突。2014 年 11 月，《中共中央关于再废止和宣布失效一批党内法规和规范性文件的决定》发布，标志着对党内法规和规范性文件的集中清理工作全部完成。在集中清理中，中央废止和取消了一批不合时宜的规范性文件，更重要的是修改、废除了与宪法、法律冲突的党内法规，为党内法规与宪法法律的对接、整合提供了可能，也为构建我们所说的党规国法的二元规范体系铺平了道路。更为重要的是，使得党的这一长期无法被国家法律所涵盖的系统被纳入规则体系之中，使得党的权力也不能任性。

（二）把权力关进制度的笼子

将权力关进制度的笼子，要求对有权的机关、组织和个人进行限权。这种限制，一方面是我们前面所说的对党的权力的限制，另一方面则是对政府权力的监督。对于公民个人来说，感受最深刻的是政府与自家生活的关系。在现代社会，行政管理存在于人们衣食住行、从摇篮到坟墓的每一环节。中国从来就有着强大的国家主义特质，官员在老百姓生活中发挥着非常重要的作用。同时，中国的政府也就享有较高的地位，权力较大。在老百姓的生活哲学中，“民不与官斗”是基本的生存智慧，在这样的官民逻辑下，行政权力很可能出现被滥用的情况。以法治来限制政府权力、建设法治政府，就成为中国走向法治的关键步骤。如何限权？我们认为这包括两个方面的内容：一方面，政府在简政放权中，主动下放权力；另一方面，以法治的方式保障人民制约政府的权力。

早在 20 世纪 80 年代末，中国就颁布了《中华人民共和国行政诉讼法》，赋予公民通过法院起诉政府的权利。30 多年来，中国的“民告官”制度取得了非常大的进展，这种进展可以从以下几个方面看出：第一，行政诉讼受案范围扩大。在 1989 年《行政诉讼法》中，行政诉讼的受案范围被限定在具体行政行为上；在 2014 年修订的《行政诉讼法》中，突破了以前的限定，行政诉讼的受案范围不再局限于具体行政行为。第二，行政相对人的胜诉率显著提高。如图 3－3 所示，从 1987 年到 2004 年，全国行政一审案件中判决维持的比例大幅度下降。同时，法院直接判决撤销的比例也没有相应提高，更多情形下，行政机关会主动改变行政行为，行政相对人也就主动撤销诉讼。这些都表明，中国政府的权力开始受到日益严格的制约。与此同时，政府也越来越将依法行政作为重要指标，以此指导行政工作。

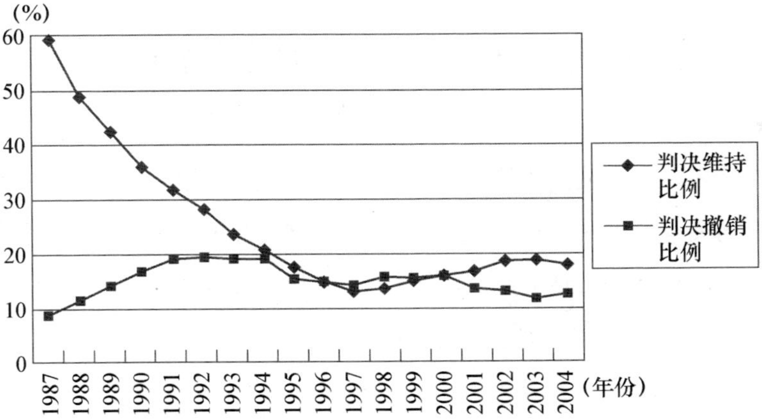

图 3－3　1987—2004 年全国行政一审结案中不同判决所占比例情况

资料来源：朱景文．中国法律发展报告：数据库与指标体系．北京：中国人民大学出版社，2007：210．

就中国政府的自我限权而言，以下几个步骤更为值得关注：第一，行政机关不断收缩自身权力，科学合理划定政府与社会、政府与市场之间的关系。如《中华人民共和国行政许可法》第 13 条规定了市场、社会自治可以解决的问题，不得设立行政许可[①]。尤其是新一届中央领导集体执政后，更加注重发挥市场、社会活力。党的十八届三中全会将市场在资源配置中起决定性作用写入《中共中央关于全面深化改革若干重大问题的决定》，国务院大力强调削减行政审批的数量，2015 年一次性取消行政审批事项共计 226 项。第二，推动阳光行政，使得行政行为更加公开透明。2007 年国务院制定了《政府信息公开条例》，自 2008 年 5 月 1 日起施行，公民、法人或者其他组织都可以根据规定申请政府信息公开。第三，在行政行为中，更加注重吸纳公民的意见，破除关门决议所带来的危害。比如多项法律都规定了行政行为中的听证程序，要求行政机关在做出重要决定之前，给予利害关系人发表意见提出证据的机会。除了《行政许可法》中的相关规定外，《中华人民共和国行政处罚法》也要求在重大行政处罚做出前当事人有要求听证的权利[②]。

五、政法传统视角下中国法治前瞻

清末以来，礼法传统和国家治理的那种儒家式的控制模式不敷所需，需要有一种更新的社会治理手段，使得中央政权可以渗透到基层，在改造底层民众的同时增强国家能力。在 80 多年前的抗日战争中，正是人民战争的汪洋大海埋葬了日本的军国主义迷梦。在 70

---

① 《中华人民共和国行政许可法》第 13 条规定了下述四种能够予以规范的，可以不设许可的情形分别是：（一）公民、法人或者其他组织能够自主决定的；（二）市场竞争机制能够有效调节的；（三）行业组织或者中介机构能够自律管理的；（四）行政机关采用事后监督等其他行政管理方式能够解决的。

② 《中华人民共和国行政处罚法》第 42 条规定："行政机关作出责令停产停业、吊销许可证或者执照、较大数额罚款等行政处罚决定之前，应当告知当事人有要求举行听证的权利；当事人要求听证的，行政机关应当组织听证。当事人不承担行政机关组织听证的费用。"

多年前的解放战争中，也正是亿万百姓的支持才使得中国共产党建立了政权。革命的胜利经验使得中国共产党选择了这样一条马克思主义基本原理与中国实际相结合的道路，由先锋队式的中国共产党来领导人民进行国家建设。这既是在资本主义包围中发展社会主义的必然之举，也是落后国家在跨越式发展中对国家凝聚力需求的必然之举。

正是在这样的大格局下，法治要采取政法传统的基本思路。简单来讲，就是法治作为政治的产物，其实施的过程需要致力于维护大局，而为大局服务的本质则是要实现最广大人民的根本利益，人民司法在现代具体表现为司法的便民、利民和为民。法律人不能成为脱离人民的精英俱乐部，司法也不能成为只有少数人才能参与的精致化程序。广大的普通中国人也要有能力跨进"法律之门"，不能成为被动的司法参与者。法律人在现代法治中的重要意义是毋庸置疑的，然而如何才能使得法律人与普通大众的意志得到协调？

中国共产党始终会在法律人与人民之间充当平衡者的角色，时而需要以法律来驯化民众，时而需要借助人民的需求来调整法治建设的方向。但是，我们都知道，科层制管理都有一种走向官僚化的倾向，法律精英很可能会为了自己阶层的利益而忘记大众。对于中国而言，改革具有终极意义上的政治正确性，不断地深化改革是执政党从不避讳的名词。在推进全面依法治国的过程中，在不断调整自我政策的过程中，中国共产党对国家的各个方面都做出了重大变革。中国从闭关锁国改革为对外开放，甚至开始规划世界秩序，从计划经济改革为市场经济，从领导干部终身制改革为退休制，从城乡之间的严格壁垒改革为城市化下的人口自由流动……这些变革的成就，势必与具有一定保守性的法律相冲突。不断改革的政治追求与追求稳定的法律之间的冲突，该如何协调？我们的解决之道是在法治之中植入政治考量，在司法官员的考核中加上政治伦理的部分，而这种政治责任的实质就是党对人民的责任、对民族复兴的责任通过党的司法政策作为中介，人民的司法需求进入司法活动当中。

这种党法之间的互动，仅仅是党政互动的一个体现。按照对“行政”的广义的界定，法律也属于“政”的范畴，党政互动是我国体制的重要内涵，是避免行政机关官僚化、僵死化的利器。国家机关容易在法律的规定下不断固化，而始终代表人民利益的政党则给这种官僚系统带来弹性，使得官僚机构不至于脱离人民。中国的法治最根本的特色，就是以党法互动的方式解决上述动静之间的张力和平衡问题。一方面，我们需要遵守法治的基本原则，给国家、社会、人民一种稳定的期待；另一方面，我们又需要保持活力，以适应不断改革的时代需求。这样就决定了中国法治还将处于变动和发展之中。

当然，未来法治也需要慢慢将中国道路的基本要素确定下来，确定一些不可以改变的“根本法”。如果说中国的法治建设中也开始有了保守性的因素的话，那就是要让越来越多的人同情地理解当下的中国，我们的法治建设要服务于国家大局，这个大局在现在就是国家治理的现代化这一命题。法治话语需要将中国比较成功的政治现实确定下来，而不是以某种法治图景来裁剪现实，也就是说，需要将中国法治与党的领导、人民当家作主相结合，将人民代表大会制度、多党合作和政治协商制度等当作中国“宪法”中的“根本法”确定下来。法治的中国制度开始慢慢定型下来，构成现代化的治理体系，法治的价值只有在实用主义的治理现代化的背景之下才可以理解。

（邵六益）

China's **Governance**
China's Governance

第 4 章

民主治理：追求善治目标的中国民主

4

民主治理：追求善治目标的中国民主

民主化是现代化的必然要求和结果。比较历史研究表明，民主化会激发广泛的社会动员（social mobilization），挑战已有的价值分配秩序，并最终挑战建基于传统秩序之上的政府权威。因而，民主化往往被体制内的政治精英视为异在的力量而受到抑制和排斥。然而，正如 19 世纪法国思想家托克维尔所指出的那样，民主化是一种世界潮流和趋势，民主的开发不是某一个人或某一部分人个别意志和个别行动的结果，而是一场源远流长的社会运动的产物。从 11 世纪开始，社会阶层中的贵族地位不断下降而平民地位不断上升的趋势日渐鲜明。这是一场以“身份平等”为内容的社会结构和社会观念的深刻变革。在这场变革中，“神权”走向了衰落，王权趋于崩溃，世袭贵族逐步退出了历史的舞台，而民众却走上了政治的前台，成为主导和影响社会发展的不可轻视的力量。因此，民主的发展势所必然。如果说民主在推翻封建制度和打倒国王的斗争中勇往直前，在资产者和有钱人面前也从未望而却步，那么，民主在今天同样也不可抗拒。

如此说来，所能走的道路似乎只有一条，那就是引导民主。引导民主运动和潮流，这是社会领导人所肩负的历史使命：“在我们这一代，领导社会的人肩负的首要任务是：对民主加以引导；如有可能，重新唤起民主的宗教信仰；洁化民主的风尚；规制民主的行动；逐渐以治世的科学取代民情的经验；以对民主的真正利益的认识取代其盲目的本能；使民主的政策适合时间和地点，并根据环境和人事的变化做出修正。”①

今天的中国似乎也面临着与欧洲早年相似的境遇。公众的政治参与和大众的民主诉求已超出了口头和言论表达的范围，与具体的人物、事件、政策以及特定的利益相联系，演化为上访、静坐、抗议、“散步”、“群体性事件”、网络“公审”和“拍砖”等行动。既有的体制和制度安排不仅不能有效地化解这些诉求和情绪化的行动，而且，可能恰恰是这种既有的体制和制度安排成了问题的“症结”所在，因

① 托克维尔．论美国的民主．北京：商务印书馆，1988：8.

此，越是依赖既有的体制和制度安排来化解问题，越是加深了民众和政府之间的积怨。面对如此大量的、不可预期的行动，具体的个案式的解决办法和“救火队”式的工作方法，让政府决策部门政令批文不断，“预警方案”层出不穷，但依然不能摆脱疲于应对的局面。

依据政治学研究的基本结论，参与要求的增长和制度供给的不足必然造成既有社会秩序的紧张和政治的不稳定性[①]。美国政治学家萨托利指出：“只要人民富足起来，民主便成为他们可能要求的东西之一。”[②] 这也就是说，经济发展了，民主的要求就会自然地被提上日程。

长期以来，人们习惯于用西方发达国家的民主化版本来定义民主，于是，多党政治、自由竞选、舆论自由、军队国家化、分权制衡等，就很自然地被看作民主化的“通用指标”。显然，这种版本的解释标准会因为难以达成政治共识而制约中国民主化的积极探索。因此，如何化解这种约束性障碍，进而为中国渐进有序的民主化探索提供论证，就成为当前中国政治理论研究的重要课题。

这里需要说明的是，民主化不是设计出来的，而是应对出来的。换句话说，“民主模式”的不同版本，不过是不同国家对民众的参与诉求一步一步应对的结果。因此，所谓“中国式民主”并不意味着中国已经形成了固定的民主模式，走出了自己的道路，“中国式民主”只是指在这样一种既有体制框架下，特别是在保持共产党执政地位的前提下，旨在化解大众政治参与压力，进而促进“民主治理”目标实现的诉求和努力。

晚近以来，民主一直是中国人奋斗的目标之一。直到今天，民主不仅成为中国人的奋斗目标，也成为中国领导层所认可的治国理念。在党的十八大以后推出的有关社会主义核心价值观的表述中，富强、民主、文明、和谐是国家层面的价值目标，自由、平等、公正、法治是社会层面的价值取向，爱国、敬业、诚信、友善是公民个体层面的价

---

① 亨廷顿．变化社会中的政治秩序．北京：生活・读书・新知三联书店，1989.

② 萨托利．民主新论．上海：上海人民出版社，1999：151.

值准则，其中，民主已成为我们国家层面所推崇的价值目标。中共十八届三中全会也对进一步深化政治体制改革，坚持和发展中国特色社会主义民主政治做出了全面部署。那么，中国的民主治理有了哪些进展呢？

一、从民主思想源头发掘民主理论资源

众所周知，民主的本意是“人民的统治”，通俗的说法即“人民当家作主”。这个表述看似简单，但实施起来却相当困难，而且有很大歧义。怎么才算是“人民的统治”？“人民”是谁？“人民”如何统治？在已往的政治实践中，通常所见的是国家领导人（个人或群体）管理国家、制定政策，即便是被公认的民主国家也概莫能外，那么，何来“人民当家作主”？如果说“人民当家作主”就意味着所有人（或公民）直接参与决策和管理活动的话，那么，这种民主也许只有在“小国寡民”的状态下才有可能，可对于疆域辽阔、人口众多的现代民族国家来说，“人民”究竟该如何当家作主？现代社会事务纷繁复杂，许多事情的处理依赖于专业知识和技能，面对这些事务，人民又如何当家作主？再者，“人民”是一个集合概念，包括了不同性别、年龄、民族、宗教的个体，他们可能有完全不同的利益诉求，那怎么才能体现人民当家作主？特别是在人民出现利益分歧和冲突的时候，如何防止强势的“人民”不会“得势便猖狂”，把弱势的“人民”变成自己的奴仆？

面对这一系列难题，学者们给出了不同的意见。一种意见认为，人民的直接参与是民主的核心理念。现实条件的制约，并不能成为改变或放弃“人民当家作主”这一价值追求的理由，相反，应该尽可能地创造条件，让直接民主的机会、参与的人数、民主管理的事务越多越好。如果不能召开公民大会来讨论国事，就把“公选”和“公投”当作民主的主要方式。另一种意见认为，“人民当家作主”本来就是一个虚幻的口号，历史上除了古希腊雅典曾经有过这样的尝试外，再没有哪个国家真正实践过。除非再回到“小国寡民”的雅典时代，否则，“人民当家作主”根本不可能。何况，那样的民主实践从一开始就受到了人们的批评和质疑。考虑到“人民”集体在智慧、理性判断、心理趋向等方面的特性，考虑到决策效率和质量、管理的专业化、不同群体的利益协调以及长远的公共利益追求等因素，精英统治（君主统治或寡头统治）可能更加实在有效。

如果我们把第一种意见称为“民治主义”，把第二种意见称为“精英主义”，那么，介于两种意见之间的第三种意见就可以被称为“代议制民主主义”。这种意见认为，民主所追求的其实是公民自治的精神，虽然国土之大、人口之多、事务之繁，让人民完全当家作主不太可能，但是，公民自治的理念不应放弃。如果让所有的人民都来直接参与国家事务的讨论和管理确实不可行，而且也未必好，那就尽可能实现地方乃至村落自治，让人民在他所生活的区域行使民主权利；如果事事都要“公投”、事事都要人民亲自管理不可行，而且也未必好，那就选择一批“管家”替人民照管“家务”，如果满意就继续留用，如果不满意就按照合同把他们辞退；如果把人民民主无限放大会威胁个人自由的空间，那就把能够用来“民主”的事务限定在恰当的范围，使任何人不能以“民主”的名义和“民主”的方式侵犯“私人领域”（公民自由权利）。既然“人民统治”和“精英统治”各有短长，那就把“主权”与“治权”分开：“主权”属于人民，“治权”交给具有管理经验和管理能力的政治精英，并让民众对他们实行绩效考核，实现“人民统治”与“精英管理”的有机结合。在这种结合中，用“主权在民”的原则解决统治合法性的问题，从而保证管理的权威性；用“精英管理”的原则克服“民意”的随意性和不确定性，从而满足管理的有效性和科学性。如果说代议制民主有蜕化为“选主体制”的倾向，那就用“审议民主”或“协商民主”来弥补[①]。

基于上述考察和分析，我们可以从源头上发掘中国式民主的理论

---

① 陈家刚. 协商民主与当代中国政治. 北京：中国人民大学出版社，2009：88-97；何包钢. 协商民主：理论、方法与实践. 北京：中国社会科学出版社，2008：243-260.

资源。

首先，代议制民主是现代民族国家实施民主政治的基本原则和唯一可行的方式，它理所当然也应该成为基于人民代表大会制度的中国式民主的原则和方式。代议制民主强调以宪法为基本框架，以限制政府权力、规制民众行为、保障公民权利为核心，因此，宪法至上原则、公民权利（包括财产权）不可侵犯原则、人民主权原则、法治主义原则、权力制约原则、有限政府原则、司法独立原则等，应该被认为是民主政治的基本原则，而人民代表大会制度应该被认为是民主政治的基本制度。必须承认，代议制民主理论不仅为以完善人民代表大会制度为核心的民主化建设提供了理论支持，而且也为中国式民主道路定下了基调。

其次，民主的本意不在于公民“选主”，而在于公民的自主管理，即自治，所以，“民主治理”的概念更能体现民主的本意，将中国式民主锁定在“民主治理”的目标上，也更具有理论高度和说服力。

再次，民主不仅需要公民具有参与意识，更需要组织和制度安排，这是民主理论的基本共识。民主必须通过某种特定的组织结构和组织方式来实现，“民意”必须通过特定的组织程序来形成，并通过特定的组织机制来表达；公民参与管理所需要的组织结构、组织方式、组织程序和组织机制需要用法律的方式做出规定，公民参与政治的行为也必须得到法律的约束。毫无疑问，这些思想为民主化的路径指明了方向，当然也为以制度化来实现民主化的中国民主化探索提供了根据。

最后，就像法律可以区分为“良法”“坏法”和“恶法”一样，民主也存在优劣之分。“良好的民主”必须是“法治的民主”。这里所谓“法治的民主”，就是以宪法和法律为准则，通过依法赋权（赋予公民权利，赋予政府权力）的方式，不仅保障政府要依法施政，对人民负责，以免滥用权力而侵害公民权利，而且也对“人民主权”原则给以必要的约束，以防止一部分人以“民主”的名义和方式对另一部分人实施“暴政”，同时，保证公共管理的有效性和社会生活的有序性。“法治的民主”作为民主源头的思想要素，也理应成为渐进有序的中国式民主的理论要素。

二、以民主过程的视角拓展民主空间

不可否认，民主确实是当今政治话语中最富有争议的概念之一。美国民主理论家萨托利在《民主新论》一书中指出，民主观的混乱来自几个方面的错误：一是过于简单化的错误，即把民主当成一个时髦的口号，将民主简单地理解为“人民主权”，但什么是“人民”以及“人民”如何行使“主权”概念不清；二是至善论的错误，即将民主定义为“直接民主”，把“人民”与精英对立起来，根本排斥精英的作用；三是过于现实主义的错误，即对民主持怀疑或批评的态度，认为民主根本不可能。针对这些错误，萨托利提出了对于民主的新的解释，将民主的内容设定为“人民的统治”和“对人民的保护”两个方面。前者意味着公民通过行使选举、投票等民主权利，参与公共政策的讨论，对政府和官员实施控制；后者意味着法律、制度和政策做出安排，保护公民自由权、财产权、选择权等。前者要求确立开放的政治体系，允许公民通过一定的方式实现政治参与，保证政府和公共权力来自人民并受人民控制；后者要求确立政治、经济、社会以及文化方面广泛的制度结构，以保障公民自由权利不受来自他人、社会和政府公共权力部门的侵犯。因此，民主化也就意味着两个方面的进展：一是建立和完善现代民主制度，提高公民政治参与的制度化水平，拓展政治参与途径，保证“民”能够有效地控制“官”（政府）；二是明确公民自由权利，并从政治、经济、法律、社会等多重维度，为之设立保护屏障，保证“官”不能加害于“民”，并在“民”需要“官”的时候能够得到有效的回应。

民主既可以被当作结果，也可以被看作过程。前者被理解为“人民当家作主”，后者被简化为“政治参与”，其中“选举”被视为重要的参与方式之一。无论如何，民主并不是非白即黑、非此即彼的问题；换句话说，对于一个国家来说，民主“不是一个有无的问题，而是一个程度问题”[①]。事实上，民主有着多重含义，民主化也有多种路径。根据萨托利的观点，民主建设可以从两个方面展开：一是努力完善“人民的统治”，落实人民的权力；二是努力保护公民的权利，尽可能杜绝公民个人自由权利受到来自他人、社会，甚至国家和政府的侵害。也就是说，中国式民主如果不能很快在第一个方面达成共识并有所突破，那么，至少在第二个方面还是大有可为的。

基于上述观点，民主化也被认为是一个“双边进程”：“一方面，它牵涉到国家权力的改造；另一方面，它牵涉到公民社会的重新建构。”[②] 也就是说，一方面，必须不断地改革作为公共权威的国家权力体系，寻求国家行为的合理方式和限度，以期国家政策更加合乎民意；另一方面，也必须不断地建设自立自主的公民社会，并确立公民社会行为的合理方式和限度，以规制各种非政府行为。根据政治学原理，一个国家的政治体系可以被划分为政府政治体系（国家和政府政治体系）和非政府政治体系（由政党、社团和个体公民所组成的公民社会政治体系）。由此，政治体系的民主化也可以被理解为两个方面：从政府政治体系来说，民主化主要表现为政府体制的民主化改造；从非政府政治体系来说，民主化意味着公民社会的发展壮大，公民政治责任心的增强以及参政议政能力的提高。这也就是说，在推进民主化进程的时候，我们不应该只盯着政府政治改造，也应该关注公民社会建设。

民主通常也被看作一个过程，也就是说，它经历了从不完善、不成熟到较完善、较成熟的发展过程，在不同的时段会有程度上的差异。就拿萨托利所说的“人民的统治”来说，致力于选举制度的完善算作民主化的努力，致力于政治协商制度建设也算作民主化的努力，同样，致力于公示、听政、议政、监督、问责等制度的完善也应该算作民主化的努力。而每一个环节的进展又有一个从不成熟走向成熟的

① 王绍光. 大转型：1980年代以来中国的双向运动. 中国社会科学，2008（1）.

② 赫尔德. 民主的模式. 北京：中央编译出版社，2008：312.

发展过程。在这个过程中，我们很难确定从哪个点开始算是进入了民主阶段。有人说，自由选举应该是民主的一项最重要的指标，应该成为衡量的起点。但是，选举又会分为直接选举和间接选举、比例代表制和多数代表制，我们也很难做出简单判定。

如果将民主视为一个系统工程，那么，根据公共决策的流程，我们可以将它划分为前中后三个阶段或三个环节，如图 4－1 所示。

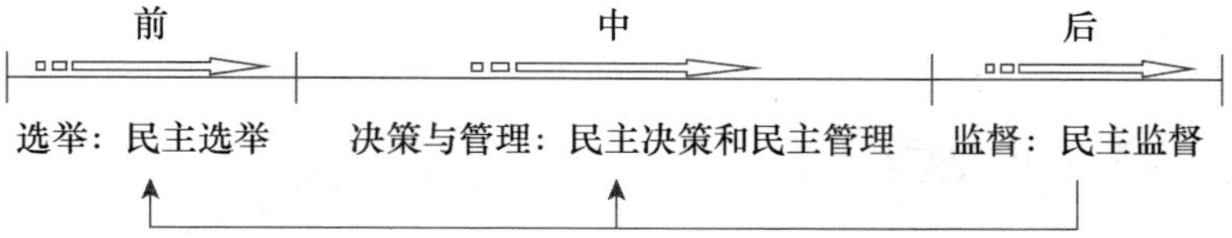

图 4－1　民主过程示意图

与上述过程相对应，我们也可以区分三种民主形式：(1) 作为自由选举的民主——民主选举，它关注管理者——选举精英人物去负责制定公共政策，实施管理；(2) 作为决策过程的民主——民主协商，它关注管理过程——不同利益群体参与决策和管理过程，充分表达各自利益，在讨论协商的基础上产生公共政策或为公共决策提供依据；(3) 作为决策评价的民主——民主监督，它关注管理效果——民众对于管理者及其行为（包括公共政策）实施评价监督。这样的分析告诉我们，"选举民主"是民主化的重要方面，而"决策和管理民主"和"监督民主"也应该是民主化的重要方面。换句话说，选举产生领导人可以被看成民主化的进展，同样，通过制度化途径吸纳公民参与决策和管理，从而实现"民主治理"，实现信息公开并允许民众监督政府，也应该被看成是民主化的进展。

综上所述，民主尽管可以用"人民当家作主"这个短语来表述，但是，到目前为止，它已经演变为一个具有多重目标、需要多重制度保障的复合概念。也许，我们可以区分民主的强标准和弱标准，比如，选举以及与选举相联系的政党政治可以被视为民主的强标准，而其他如法律制度、公民诉求之表达机制、民主协商机制以及公民监督体系等可以被视为次强标准或弱标准。不同的国家由于其历史和现实的原因，可能会在这些不同的目标和标准当中对其先后顺序做出选择和安排。此外，民主化被认为是一个过程，一种复杂的试验，它由许多分阶段的子过程和“小”试验所组成。有的国家在这个阶段和这个试验方面成果显著，提供了一些成功的经验，而另一些国家可能在另外的阶段或另外的试验方面收获较大，提供了另外的经验；有的国家从这个环节切入，而有的国家则从另外的环节切入。中国式民主探索完全可以根据中国的国情和形势的需要做出选择。

三、用改革经验充实民主内涵

改革开放以来，中国政府一直面临多重挑战，这些挑战主要来自三个方面：（1）社会发展的要求（民生改善问题）；（2）民主化的要求（大众参与问题）；（3）开放以及国际认同的要求（国际接轨问题）。中国政府一直按照自己的思维和发展逻辑来推行政治经济社会体制的渐进改革，这些改革基本上围绕着“规范社会行为”（社会治理）和“规范政府行为”（政府治理）这两个方向展开。

中国政府也一直在努力通过自己特殊的方式化解来自民主方面的压力，积极追求和实现民主化的目标，这些努力包括：（1）用“自由”来释放民主之压力：放松政府管制，给个人以更大的发展空间，通过利益实现渠道的多样化来分解公民诉求的压力；（2）用良好的经济绩效来缓解民众需求的压力：谋求经济的持续高速发展，改善民生，提高人民生活质量，巩固合法性基础；（3）用基层民主试验来启动民主化的步骤：通过社会基层单位的自治和自主运动以及民主实验来疏导民意和压力，舒缓社会底层可能造成的既有体制的紧张；（4）用制度和政策创新来确立民意的回应机制：通过微观领域的制度变革和政策创新（如完善人民代表大会制、问责制、公示制度、听政制度、协商民主制度等），克服既有体制的结构性障碍，完善民意表达和回应机制。

不同于第三次民主化浪潮中大多数主导性政党的做法，中国执政党并没有宣称要推行民主改革，其主导的改革所追求的目标不过是要实现治理模式的转型改造，但这项改革总体上沿着保障“私权”和限制“公权”这两个方向展开。诚然，这些努力与一般理解的民主诉求和民主标准可能有所不同，但它成就了中国的经济繁荣和社会变革，从长远来看，符合民主的发展方向。

众所周知，改革开放以来，中国政治的变化是多方面的：（1）废除了领导职务终身制，开启了任期制；（2）放松了管制，扩大了个人自由和社会自主的范围。从农村到城市，市场化改革改变了中国原有的“单位”制度，释放了社会自主和个人自由的空间；（3）在党政关系方面，从一开始追求党政分开，到目前实现党政分工，既改善和提高党的领导水平，又减少政党对于政府管理过程的不当干涉；（4）在立法体制上，加强人大的地位，完善人大制度，充分发挥其立法作用；（5）在中央与地方关系上，扩大地方的自主权限；（6）鼓励农村“村民自治”和城市的居委会及社区组织的发展，发挥非政府组织的作用。当然，积极的变化远不止这些。不过，虽然说这些变化都是积极的，但不可否认，每一种变化后面依然存在诸多问题，而解决这些问题正是中国今后进一步改革的任务。目前，人们就中国今后改革的方向发表了许多看法，完善人民代表大会制度、建设服务型政府、推行党内民主、加强公民社会建设被认为是深化改革的基本路径。

村民自治是中国基层民主的主要形式

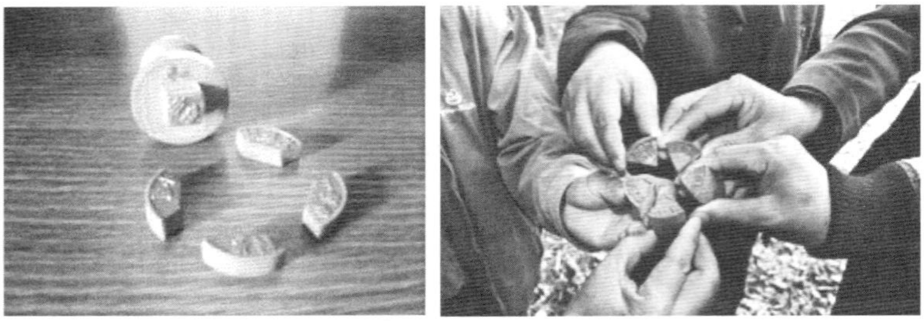

中国农民发明的“五牙子章”

宁夏回族自治区中卫市中宁县石空镇枣一村为加强对村财务的监督，将村财务公章分成五瓣儿，分别由村民理财小组五个成员保管，每月定期对本村财务收支票据进行审核。如果村民理财小组的三个以上的成员同意某项开支，就把五瓣印章用橡皮筋绑在一起，合成一个印章后盖在票据上。因每小块印章形似一颗牙齿，故被称为“五牙子章”。这种公章在中国其他农村地区也能见到。

“摸着石头过河”是对中国以往改革经验的形象描述，也是对30多年来中国发展模式的典型概括。事实也确实如此，中国30多年的市场化经济改革就是一步一步“摸”出来的。所以，毫不夸张地说，邓小平当年一个“猫论”、一个“摸论”，把中国经济引上了今天的发展道路。中国30多年改革的经验表明，应该本着“以人为本”、“以民为本”、更好地为人民服务的大方向，尽可能通过创新来探索改革道路，通过“摸索”和“试验”来形成中国特色。当然，与当初的经济改革一样，政治改革也没有现成模式，更没有万全的方案，它也只能在实践探索中逐步明确。这种探索的过程，正是“摸石头”的过程。只有“摸”才能“摸”出民主政治的中国特色来。

总之，当今的民主赋予“人民当家作主”这个古老话语新的含义。它意味着民众广泛参与公共事务，依法实施公民权利；也意味着有效约束政府权力，保障公民权益。“中国式民主”并不意味着中国在民主的价值和原则方面会有完全不同于西方已有模式的理解和解释，而且试图去“创新”这样一种“民主”的版本的做法一定是徒劳的，也不会得到民众和国际社会的认可。“中国式民主”仅仅意味着中国在实现民主化的道路和方式上会有所不同。这种不同可能会表现在发展过程中解决问题和完成任务的顺序、时长、方式和方法上的差异。

民主不仅需要理念和激情，更需要组织和制度安排。民主必须通过某种特定的组织结构和组织方式来实现。以往人们关注的是民主的基本理念，一切争论都围绕民主是什么、民主好不好（要不要）、哪种民主更合适等问题而展开，现在，要自觉地“引导民主”，让人们更多地关注如何通过组织结构和组织方式的逐步调整，为民主的真正实现寻找出路，为民主的真正实施寻找具体的制度途径。

民主当然不能解决所有问题。理论和经验表明，民主与科学、效率没有必然联系，尤其“以选主为特征的现实民主制度与经济增长、社会正义、人类幸福都没有什么必然的关系”[①]，但民主与政治合法性直接相关。中国改革开放的发展事实表明，通过推动政府创新来拓展有效的政治发展空间，克服既有体制的约束，寻找和培育新的制度生长点，可以缓解来自民主化方面的压力。不过，也应该看到，民主治理也越来越成为中国大众的公共话题，旨在推进责任政治和民主制度建设的改革也日益成为知识分子和普通大众的共同期待，而治理腐败、防止和消解“拉美化”、克服管制危机等迫切任务，似乎把系统地引入“民主机制”的选择更加突出地提上了议事日程。在这种情况下，如果像当年的经济改革实验一样，具体地制定政治经济改革的步骤，坚持“民主治理”的原则，在试验中逐步落实，保持碎步前进，那么，对于超越和克服“西式民主版本”的限制可能是比较明智的选择。

（燕继荣）

① 王绍光. 民主四讲. 北京：生活·读书·新知三联书店，2008：243.

第 5 章

政府与市场：经济治理的双驱动

5

政府与市场：经济治理的双驱动

中国近几十年取得的经济成就举世瞩目：它仅用 35 年的时间，就从一个贫穷落后的农业大国变成一个令人敬畏的世界工业强国和制造业中心。从 1860 年第二次鸦片战争至今，中国进行了四次工业化尝试。第一次尝试发生在鸦片战争之后清王朝的维新变法时期，第二次发生在辛亥革命之后的“中华民国”时期，第三次发生在新中国成立之后我国对苏联工业化模式的模仿和改进时期，第四次发端于 1978 年开始的改革开放。前三次工业化尝试虽然取得了一定的成绩，但最终未能实现工业强国的目标，唯有第四次创造了“中国奇迹”。笼统来说，前两次工业化尝试的失败在于缺少一个强大的国家和政府，第三次失败则在于中国取消了“市场”。强大的国家（包括有效的政府）和繁荣的市场是经济增长的两大助推器，也是改革开放后中国经济治理的两个主要维度。党的十八大以来，中国经济增速呈下降趋势，对此，执政党在经济治理方面会有何新的举措成为国内国际普遍关注的话题。

一、改革开放以来的中国经济奇迹

2018 年是中国改革开放 40 周年，如何评价这 40 年在中国发生的一切，必将在人类历史中留下浓墨重彩的一笔。有人将改革开放誉为过去 1 000 年发生的屈指可数的重大历史事件，其意义堪比欧洲的文艺复兴、英国的工业革命和美国的强大崛起。或许现在对中国的改革开放进行评价还为时尚早，但这 40 年的时间却真真切切改变了中国的面貌和中国人民的生活。根据国家统计局的分析，在 1979 年至 2012 年的 33 年里，中国经济年均增长 9.8%，而同期世界经济年均增速仅为 2.8%。2012 年之后中国的 GDP 增速也保持在 7%左右。从高速增长期的数据比较来看，日本经济在 1956 年至 1973 年间，年均增长 9.2%，韩国经济在 1966 年至 1979 年间年均增长 9.1%。新时期是中国大陆城乡居民收入增长最快、得到实惠最多的时期。从

1978 年到 2016 年，全国城镇居民人均可支配收入从 343 元增加到 33 616元，农民人均纯收入从 134 元增加到 12 363 元。贫困人口的数量是衡量人民生活水平的一个重要指标。1978 年，中国农村绝对贫困人口为 2.5 亿，约占全国总人口的 1/4，2007 年下降为 1 479 万，平均每年脱贫 811 万人。依据 2010 年制定的扶贫标准，到 2012 年，中国贫困人口为 9 899 万，不足全国总人口的 10%。按照每人每年 2 300 元（2010 年不变价）的农村低保标准计算，2016 年中国农村贫困人口约为 435 万，比 2015 年又减少 1 240 万。中国社会科学院和国务院扶贫办共同发布的《中国扶贫开发报告（2016）》指出，改革开放以来，中国实现了“迄今人类历史上最快速度的大规模减贫”。中国的减贫对世界也做出了巨大贡献，按照 2011 年购买力平价 1 天 1.9 美元的贫困标准，1981 年至 2012 年全球贫困人口减少了 11 亿，同期中国贫困人口减少了 7.9 亿，占全球减少贫困人口的 71.82%①。

以经济发展为中心是改革开放以来的总方针，通过“摸着石头过河”，中国逐渐形成了高效政府和繁荣市场的双轮驱动。改革本身由问题倒逼产生，又在解决问题中得以深化。从农村改革到城市改革，从国有企业改革到宏观管理体制改革，从经济体制改革到其他各个领域的体制改革，中国在破解一个个问题的过程中逐步总结经验，从而实现了从高度集中的计划经济体制到充满生机活力的社会主义市场经济体制、从封闭半封闭到全方位开放的历史性转变。在纪念十一届三中全会召开 20 周年大会上，江泽民同志将改革开放和社会主义现代化建设的经验概括为 11 个方面。在纪念改革开放 30 周年大会上，胡锦涛用“十个结合”总结了中国在创造性实践中取得的宝贵经验。在不断的探索和总结中，开辟了中国特色社会主义道路，形成了中国特色社会主义理论体系，确立了中国特色社会主义

---

① 李培林，魏后凯，黄承伟，等. 中国扶贫开发报告（2016）. 北京：社会科学文献出版社，2016.

制度。

摘掉贫穷落后的帽子，这是中国人的梦。1978 年 12 月底，邓小平被美国《时代》周刊评选为年度世界风云人物，其杂志开篇即为《中国的梦想家》。邓小平曾说："搞社会主义，一定要使生产力发达，贫穷不是社会主义。"① 2012 年 11 月，中国共产党新一届中央领导集体到国家博物馆观看了《复兴之路》展览，习近平总书记再一次强调了实现"中国梦"的坚定信心，他说："实现中华民族伟大复兴，就是中华民族近代以来最伟大的梦想。这个梦想，凝聚了几代中国人的夙愿，体现了中华民族和中国人民的整体利益，是每一个中华儿女的共同期盼。"②

二、经济奇迹之后的经济新常态和供给侧改革

以 2012 年 11 月召开的中国共产党第十八次全国代表大会为时间节点，十八大之后的中国经济呈现出了一些新的特点，这些特点被中国官方定义为"经济新常态"。"新常态"这个概念首次被习近平总书记提出是在 2013 年 12 月 10 日的中央经济工作会议上。根据国家统计局公布的数据，中国自 2012 年以来，GDP 的增长率分别是 7.9%（2012 年）、7.8%（2013 年）、7.3%（2014 年）、6.9%（2015 年）和 6.7%（2016 年）。联合国发布的《2017 年世界经济形势与展望》预测全球经济将在 2017 年增长 2.7%，就国家和地区来说，美国预计将增长 1.9%，欧洲预计增长 1.8%，非洲预计增长 3.2%，西亚中东地区预计增长 2.2%，拉美预计增长 1.3%，俄罗斯预计增长 1%左右，印度预计增长 7.7%，南亚成为

① 邓小平．邓小平文选：第 3 卷．北京：人民出版社，1993：225.

② 习近平．习近平谈治国理政．北京：外文出版社，2014：36.

全球经济增长最快的地区，预计增长 6.9%[①]。客观地说，中国的经济增速在全球范围内仍名列前茅（见图 5-1），对世界经济增长的贡献也在不断提高。根据世界银行统计的数据，按照 2010 年不变价美元计算，中国 GDP 占世界经济的比重从 1979 年的 1.2%增长到了 2015 年的 11.9%[②]，但不得不指出，中国目前的经济增长主要依靠投资拉动，部分地区财政收支平衡压力较大，发生经济风险的概率也在上升。特别是民营企业投资大幅下滑、房地产泡沫、过剩产能、不良贷款、地方债务、非法集资等风险点增多。一些市场化程度较低、产业低端、结构单一的地区，经济下行压力还在加大，就业问题凸显，社会矛盾加剧。

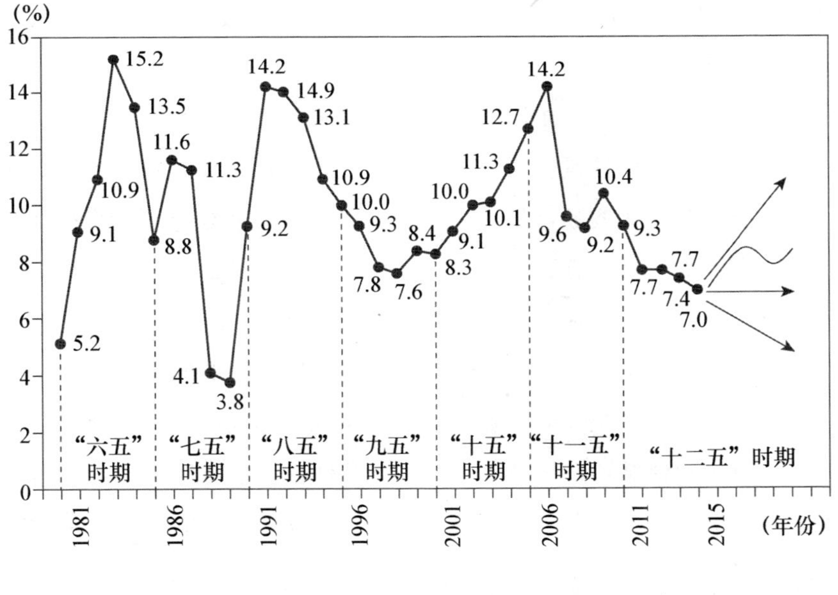

图 5-1　中国 GDP 增长率的波动（1981—2015 年）

资料来源：刘树成．“十三五”时期经济波动态势分析．人民日报，2015-08-05（7）．

---

① 世界经济形势与展望：2017 年经济形势将略有改善但仍将保持低速增长．（2017-01-17）．www.un.org/development/desa/zh/news/policy/wesp-2017.html.

② 郭同欣．中国对世界经济增长的贡献不断提高．人民日报，2017-01-13（9）．

一方面是经济下行的压力，另一方面是实体经济高杠杆。中国经济运行面临的突出矛盾和问题虽然有周期性、总量性因素，但根源是重大结构性失衡导致经济循环不畅。在此背景下，国家提出了“供给侧结构性改革”。2015 年 11 月 10 日，习近平总书记在中央财经领导小组第十一次会议上，首次提出了“供给侧改革”。2015 年中央经济工作会议部署 2016 年经济工作的重点是推进供给侧结构性改革，并提出“去产能、去库存、去杠杆、降成本、补短板”五大任务。2016 年初，《人民日报》刊发《供给侧结构性改革引领新常态》和《七问供给侧结构性改革——权威人士谈当前经济怎么看怎么干》两篇文章，这是自 2015 年 5 月《五问中国经济——权威人士谈当前经济形势》之后，《人民日报》再次以“权威人士”为名阐明中央经济政策。

党的十八大以来，中国共产党针对经济新常态，制定了新的经济政策体系。这主要体现在以下三个方面：第一，执政党做出经济发展进入新常态的重大判断，把认识、把握、引领新常态作为当前和今后一个时期做好经济工作的逻辑。《人民日报》刊发的文章《开局首季问大势——权威人士谈当前中国经济》明确指出：综合判断，我国经济运行不可能是 U 形，更不可能是 V 形，而是 L 形的走势。这个 L 形是一个阶段，不是一两年能过去的。第二，形成以五大发展理念为指导、以供给侧结构性改革为主线的政策体系，引导经济朝着更高质量、更有效率、更加公平、更可持续的方向发展，并制定出一系列的政策文件。供给侧结构性改革的酝酿和提出，恰逢“十三五”规划提出创新、协调、绿色、开放、共享的五大发展理念，使其与结构性改革互为补充。新发展理念和结构性改革成为目前中国不同省市经济分化的最佳诠释——凡是主动适应新常态、重视创新和质量效益的，发展态势都比较好；反之，压力则比较大。第三，提出政策执行的改革方法论，强调要保持战略定力，坚持问题导向，底线思维，发扬“钉钉子”精神，一步一个脚印向前迈进。

三、中国共产党在经济新常态下的“三步棋”

改革、创新和开放是 1978 年以来中国经济三个最为核心的关键词。所谓改革，就是突破传统模式，不断发展中国特色社会主义；所谓创新，就是迎接知识经济挑战，建设工业强国；所谓开放，就是顺应全球化发展趋势，推动全球经济治理。面对经济新常态，中国共产党提出了供给侧结构性改革、五大发展理念等经济发展新思路，同时在改革、创新和开放这三个领域提出了施政纲领。笔者称之为中国共产党的经济发展“三步棋”。需要指出的是，这里存在一种现实、政策和实践三者之间的互动关系。为了应对现实需求，党提出一系列的政策，这些政策需要贯彻落实，并根据不断变化的现实进行调整。从政策制定到落实，再到改变现状需要一个过程，因此，希望政策产生立竿见影的效果是不现实的。以下主要阐释中国共产党为了适应经济新常态，在改革、创新和开放三方面做出的一些重要决策。

（一）继续改革：全面深化改革的四年历程

改革是一个过程，是从一个状态逐渐进入另一个状态的过程，中国改革是从计划经济逐渐转变为社会主义市场经济的过程。2013 年 11 月，中国共产党启动了新一轮改革。这次改革被称为“全面深化改革”，不仅包括经济体制改革，还包括政治体制、文化体制、社会体制、生态文明体制和党的建设制度等领域的改革。改革开放以来，中国共产党的历届三中全会都聚焦于改革。十二届三中全会对开展以城市为重点的经济体制改革进行研究和部署；十三届三中全会明确要深化经济体制改革特别是价格改革、企业改革；十四届三中全会通过了《中共中央关于建立社会主义市场经济体制若干问题的决定》，并规定了国有企业改革的基本方向；十五届三中全会的主题是深化农村经济体制改革；十六届三中全会通过了《中共中央关于完善社会主义市场经济体制若干问题的决定》；十七届三中全会的议题是新形势下推进农村改革发展。与历届党的三中全会基本上都是以经济体制改革为主相比，十八届三中全会的全面深化改革涉及领域之多、范围之广前所未有，是一次全面性、系统性、整体性的改革。

从 2014 年到 2016 年，全面深化改革已经历时三年，这三年也是密集出台改革文件、落实十八届三中全会通过的《中共中央关于全面深化改革若干重大问题的决定》的关键三年。以下是这三年关于全面深化改革的数据：

2014 年被称为全面深化改革的“元年”，中央全面深化改革领导小组确定的 80 个重点改革任务基本完成，此外中央有关部门完成 108 个改革任务，各方共出台 370 条改革成果①。

2015 年被称为全面深化改革的“关键之年”，中央全面深化改革领导小组确定的 101 个重点改革任务基本完成，中央有关部门完成 153 个改革任务，各方共出台改革成果 415 条②。同时，国防和军队体制改革也在 2015 年底的中央军委改革工作会议上一锤定音。

2016 年是全面深化改革的“施工高峰期”，中央全面深化改革领导小组审议 146 个重大改革文件。

在 2016 年底，习近平总书记主持召开中央全面深化改革领导小组第三十一次会议，他总结道：“经过 3 年多努力，一批具有标志性、关键性的重大改革方案出台实施，一批重要领域和关键环节改革举措取得重大突破，一批重要理论创新、制度创新、实践创新成果正在形成，全面深化改革的主体框架基本确立。”③ 如何落实改革措施成为下一阶段的工作重点，因此，2017 年也被认为是全面深化改革向纵

---

① 习近平：在全国政协新年茶话会上的讲话. 新华网，2014-12-31.

② 习近平在全国政协新年茶话会上的讲话（全文）. 新华网，2015-12-31.

③ 习近平主持召开中央全面深化改革领导小组第三十一次会议强调 投入更大精力抓好改革落实 压实责任提实要求抓实考核. 人民日报，2016-12-31（1）.

深推进的关键一年。

全面深化改革的核心问题是处理好政府和市场的关系，使市场在资源配置中起决定性作用和更好发挥政府作用。中共十四大以来，根据实践拓展和认识的深化，中国共产党一直在对政府和市场关系寻找新的科学定位。中共十五大提出“使市场在国家宏观调控下对资源配置起基础性作用”，十六大提出“在更大程度上发挥市场在资源配置中的基础性作用”，十七大提出“从制度上更好发挥市场在资源配置中的基础性作用”，十八大提出“更大程度更广范围发挥市场在资源配置中的基础性作用”。在市场在资源配置中起决定性作用的命题中，所有制和市场经济的关系一直是焦点问题。以公有制为主体、多种所有制经济共同发展的基本经济制度是中国特色社会主义制度的重要支柱。在全面深化改革中，如何进一步改革国有企业将成为一个重点。以国企薪酬制度改革为例，其改革阻力得到突破。2014 年 8 月 18 日，中央全面深化改革领导小组第四次会议审议通过《中央管理企业主要负责人薪酬制度改革方案》《关于合理确定并严格规范中央企业负责人履职待遇、业务支出的意见》，打开了国企改革的突破口。中央全面深化改革领导小组还审议通过了《关于在深化国有企业改革中坚持党的领导加强党的建设的若干意见》《关于国有企业功能界定与分类的指导意见》等文件，使国企改革迈入新阶段。作为仅次于央企的第二大国资系统，上海国企一直“大而不强”。为了改变这一现状，2013 年 12 月 17 日，《关于进一步深化上海国资改革促进企业发展的意见》这一上海版的国资国企改革方案正式发布，该意见提出了 20 条改革措施，特别是对国企混合所有制改革中的法人治理结构进行了规制与创新。2016 年 8 月，国务院国资委发布《关于国有控股混合所有制企业开展员工持股试点的意见》，让员工持股有了“顶层设计”。2017 年上海进一步推进国有企业混合制改革，印发了《关于本市地方国有控股混合所有制企业员工持股首批试点工作实施方案》，将遴选 5～10 家企业进行员工持股首批试点。

（二）持续创新：构建创新驱动发展战略

一个国家进入现代化的进程后，创新即成为持续推动国家发展的重要动力。早在20世纪80年代，邓小平就深刻地阐明了“科学技术是第一生产力”。创新驱动发展战略是中国共产党关于科技创新的最新理论成果。十八届五中全会提出要牢固树立创新、协调、绿色、开放、共享五大发展理念，并把创新摆在五大发展理念之首，强调必须抓住科技创新这个核心。习近平总书记提出了“创新是引领发展的第一动力”这一重要论断。

围绕创新驱动发展战略，中国在增强自主创新、加快科技体制改革、把握科技进步大方向、把握产业革命大趋势、把握集聚人才大举措等领域都出台了一系列的措施。2015年3月13日，国务院发布《中共中央国务院关于深化体制机制改革加快实施创新驱动发展战略的若干意见》，面对实现“两个一百年”奋斗目标的历史任务和要求，把改革的范围扩大到经济社会领域，从营造激励创新的公平竞争环境，建立技术创新市场导向机制，强化金融创新功能，完善成果转化激励政策，构建更加高效的科研体系，创新培养、用好和吸引人才机制，推动形成深度融合的开放创新局面，加强创新政策统筹协调等八个方面提出了30条改革意见。半年之后，与之相配套的《深化科技体制改革实施方案》提出了更为具体的策略。最为引人注目的是“中国制造2025”的概念。2015年3月5日，李克强总理在《政府工作报告》中首次提出了“中国制造2025”的宏大计划。两个月后，国务院印发《中国制造2025》，将其作为中国实施制造强国战略第一个十年的行动纲领，其中明确了9项战略任务和重点。该文件将制造业提到一个新的高度，指出“制造业是国民经济的主体，是立国之本、兴国之器、强国之基”①。2016年5月，中共中央、国务院印发了

① 中华人民共和国国务院. 关于印发《中国制造2025》的通知：国发〔2015〕28号.（2015－05－19）. http://www.gov.cn/zhengce/content/2015－05/19/content_9784.htm.

《国家创新驱动发展战略纲要》，将创新驱动发展战略摆在国家发展全局的核心位置，并综合了之前两个文件的内容，将创新提升到和改革同等重要的地位，提出科技创新和体制机制改革两个轮子相互协调、持续发力，同时还提出到 2050 年建成世界科技创新强国“三步走”的战略目标，这是“三步走”实现制造强国战略目标的升级版本。有意思的是，最新提出的“三步走”战略目标和新一届中央领导集体提出的“中国梦”“两个一百年”的目标联系在一起。“两个一百年”的奋斗目标，是指在中国共产党成立一百年时全面建成小康社会，在新中国成立一百年时建成富强民主文明和谐的社会主义现代化国家。最新“三步走”的战略目标是：第一步，到 2020 年进入创新型国家行列，有力支撑全面建成小康社会目标的实现；第二步，到 2030 年跻身创新型国家前列，发展驱动力实现根本转换，经济社会发展水平和国际竞争力大幅提升，为建成经济强国和共同富裕社会奠定坚实基础；第三步，到 2050 年建成世界科技创新强国，成为世界主要科学中心和创新高地，为我国建成富强民主文明和谐的社会主义现代化国家、实现中华民族伟大复兴中国梦提供强大支撑。

一个落后国家要走上发展的道路，需要依靠创新。这在理论上似乎很简单，但在实践中却不是一件容易的事情。世界经济发展的历史揭示了一个事实：市场经济不会自发地让落后国家转变为发达国家，发达国家也不会慷慨地“赠送”技术和资本。要实现后进者对于领先者的学习、模仿、追赶和超越，唯有通过自主创新和产业升级才能实现。我国已成为世界制造业第一大国，同时，自主创新能力也显著增强，部分关键领域技术水平位居世界前列。尤其是载人航天、探月工程、载人深潜、新支线飞机、液化天然气船、高速轨道交通等领域的技术取得突破性进展，特高压输变电设备、百万吨乙烯成套装备、风力发电设备、千万亿次超级计算机等装备产品技术水平也已跃居世界前列。人是生产力中最活跃的因素，企业家、创新型人才是优化资源配置、推动创新型企业发展的主导力量。例如：具有创新意识的华为掌门任正非通过技术创新使华为在短时间内迅速成为中国标杆式的创新型企业。中电集团五十二研究所 28 位工程师放弃事业编制创业成立海康威视，通过技术创新使其跃居 2016 年度全球安防 50 强榜首。在电器制造业领域的格力从 2004 年到 2015 年，通过技术创新使其家用空调全球市场占有率跃居世界第一，而格力的快速发展也离不开格力集团原董事长董明珠及其颇具特色的领导和管理。正是有了这些创新型企业和具有创新意识的企业家，中国的经济转型和结构升级才有了希望。

（三）推进开放："一带一路"、自贸区和全球经济治理

坚持对外开放是中国的基本国策。中国加入 WTO 之后，已成为全球化进程中受益最多的国家之一。"一带一路"是近年来中国提出的对于经济全球化来说最具吸引力的合作倡议。2014 年国家发布了《丝绸之路经济带和 21 世纪海上丝绸之路建设战略规划》，2015 年发布了《推动共建丝绸之路经济带和 21 世纪海上丝绸之路的愿景与行动》。截至 2017 年，中国已经同 30 多个沿线国家签署了共建"一带一路"合作协议，同 20 多个国家开展了国际产能合作，以亚洲基础设施投资银行（亚投行）、丝路基金为主的金融合作在不断深入，一批有影响力的标志性项目正在逐步落地。"一带一路"建设对于世界经济和中国经济来说都是一个双赢的举措。根据商务部、国家统计局和国家外汇管理局发布的《2015 年度中国对外直接投资统计公报》显示，2015 年我国对外直接投资跃居全球第二，对外投资首次超过吸收外资，成为资本净输出国（见图 5－2）。在当前世界经济持续低迷的情况下，中国支持沿线国家推进工业化、现代化和提高基础设施水平的行动，有利于世界经济的企稳回升，实现均衡发展。对于中国经济自身而言，"一带一路"建设能够提高贸易和投资合作水平，推动中国在国际产能和装备制造业方面与其他国家的合作，为中国巨大的产能找到市场，实现世界经济再平衡。

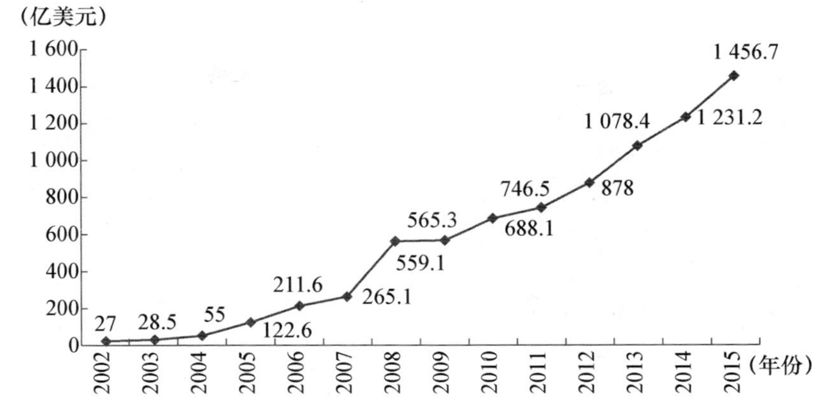

图 5-2 2002—2015 年中国对外直接投资流量情况

资料来源：商务部，国家统计局，国家外汇管理局. 2015 年度中国对外直接投资统计公报. 北京：中国统计出版社，2016：89.

从对外开放战略角度来看，如果说“一带一路”倡议是从解决世界发展问题、改造世界经济秩序的角度出发，那么中国自由贸易试验区的政策则是中国在投资自由化、贸易便利化、金融国际化、行政管理简化等方面进行的不断探索。2013 年 9 月 29 日，上海自贸区挂牌成立，通过先行先试形成以负面清单管理为核心的投资管理制度、以贸易便利化为重点的贸易监管制度和着眼于服务实体经济发展的金融开放创新制度。2015 年 4 月中国新增 3 个自贸试验区，形成了“1＋3”的格局，可称为中国自贸试验区的 2.0 版。2016 年，中央宣布新设立 7 个自贸试验区，形成了“1＋3＋7”的格局，可称为中国自贸试验区的 3.0 版。迄今为止，中国自贸试验区已形成战略性网络格局，从沿海拓展到内地，覆盖了东中西各个地区，充分体现了新一轮对外开放的总体战略布局。

在全球化浪潮中，也出现了逆全球化的思潮，这与贫富差距、南北差距问题息息相关。全球化创造的财富只是流到了一些国家和极少数人手中，一个国家内部的社会分化、收入分配的问题愈严重，就愈容易形成外部的贸易保护主义和引发地缘冲突。具体来说，世界经济领域的三大突出矛盾没有得到有效解决：一是全球增长动能不足，难

上海自贸区洋山港集装箱码头

以支撑世界经济持续稳定增长。二是全球经济治理滞后，难以适应世界经济新变化。三是全球发展失衡，难以满足人们对美好生活的期待。为了化解这三大矛盾，中国在国际舞台上提出了自己的全球经济治理口号。从 2016 年的 G20 杭州峰会到 2017 年的达沃斯论坛，“全球经济治理”成为中国贡献给世界发展的智慧，其内涵包括：第一，坚持创新驱动，打造富有活力的增长模式；第二，坚持协同联动，打造开放共赢的合作模式；第三，坚持与时俱进，打造公正合理的治理模式；第四，坚持公平包容，打造平衡普惠的发展模式。

杭州 G20 峰会主会场

四、“发展型国家”的中国模式

好的政策如果无法落实，便只是空中楼阁，从文件转化为实践需要的是强大的执行力。在变动的社会经济中，一个国家能否乘风破浪、披荆斩棘，与其国家治理能力和执政党的组织能力密切相关。在学术界，“发展型国家”的概念就被用来描述这种能力，而这一概念又源于国际学术界对于“东亚奇迹”的解释。“东亚奇迹”是指 20 世纪中后期日本和“亚洲四小龙”成功赶上发达国家经济水平，创造经济发展的“奇迹”。通过对东亚相关国家和地区的研究发现，这一类政府能够超越社会力量或者利益集团的束缚，通过资金支持、税收减免、政策优惠等方式重点扶持相关产业，实现地区的产业发展和经济增长。因其政府具有强烈的发展意愿和自主性，以及理性化的经济官僚机构，故被称为“发展型国家”或“发展型政府”，其中尤以日本最为典型。由于中国 30 多年的发展创造了另一个经济奇迹，一些学者认为中国存在一种独特的“中国模式”。相比于新自由主义的“华盛顿共识”，“中国模式”似乎更接近于“发展型国家”。最新出版的一本研究中国模式的著作《伟大的中国工业革命》揭示了中国工业革命成功的秘密：通过“重商主义”、自下而上、由简到繁、从农村到城市、由轻工业到重工业的发展方式，政府主导的“市场创造”到循序渐进的产业升级的发展战略，塑造了中国的经济奇迹①。

改革开放至今，中国的工业奇迹是政府和市场共同努力的结果，政府在资源配置中起着更大的作用，因此，“中国模式”也被认为是“发展型国家”的又一例证。“中国模式”的特征在于：辩证地看待政府和市场的关系，发展社会主义市场经济，既要发挥市场作用，也要

① 文一. 伟大的中国工业革命. 北京：清华大学出版社，2016：239.

发挥政府作用。中共十八届三中全会进一步提出市场在资源配置中起决定性作用，这不同于过去的“中国模式”，将有利于转变经济发展方式，有利于转变政府职能，有利于抑制腐败现象，在未来将产生一种新的“中国模式”。这种新模式不是放弃“发展型国家”，而是对政府的职能做更明确的要求，即政府的职责和作用主要是：“保持宏观经济稳定，加强和优化公共服务，保障公平竞争，加强市场监管，维护市场秩序，推动可持续发展，促进共同富裕，弥补市场失灵。”①

在新旧模式切换的过程中，一个强大的国家、一个有为的执政党、一个有效的政府就显得十分重要。下面分别从中国特色的五年规划、中央全面深化改革领导小组和政府的简政放权等角度进行说明。

改革开放之后，中国从计划经济转为社会主义市场经济，但是“计划”并未在中国完全消失，五年计划(“十一五”“十二五”“十三五”称为规划）的演变就是一个很好的例子。五年计划是一个周期性计划，从收集信息、分析研究、起草文件、组织实施，到评估和修订计划，每五年就会经历这些步骤。1953 年以来，中国五年计划经历了大推动计划期、半统制计划期、混合计划期、指导规划期、战略规划期五个阶段，从经济指令计划转型为发展战略规划，由经济计划转向全面发展规划，由微观领域规划转向宏观领域规划，由经济指标规划转向公共服务指标规划②。2015 年，中国开始制定第十三个五年规划，明确了 2016—2020 年中国经济社会发展的基本思路、主要目标，首次提出创新、协调、绿色、开放、共享的五大发展理念，并规划了一些具有标志性的重大战略、重大工程、重大举措。

中央全面深化改革领导小组是中国政治中比较独特的一种组织形式，其性质属于议事协调机构，职能包括权力配置、横向协调、核准

---

① 《中共中央关于全面深化改革若干重大问题的决定》辅导读本. 北京：人民出版社，2013：6.

② 胡鞍钢，鄢一龙，吕捷. 中国发展奇迹的重要手段——以五年计划转型为例（从“六五”到“十一五”）. 清华大学学报（哲学社会科学版），2011（1）：43-52.

决策、信息汲取与传递、组织枢纽、供给制度合法性等。由于全面深化改革是一个复杂的系统工程，单靠某一个或某几个部门往往力不从心，这就有了建立更高层面的领导机制的必要，因此，中央成立了全面深化改革领导小组，负责改革总体设计、统筹协调、整体推进、督促落实。这个领导小组由习近平担任组长，三位副组长分别为李克强、刘云山、张高丽，四名正副组长均为中央政治局常委，并由王沪宁担任中央深化改革领导小组秘书长兼办公室主任，高规格人员配置体现了这一机制的权威性和国家推动改革的决心。从 2014 年 1 月至 2017 年 2 月，中央全面深化改革领导小组总共召开了 32 次会议。值得注意的是，中央全面深化改革领导小组和中央财经领导小组形成了执政党领导经济的双引擎模式，后者也由习近平总书记担任组长（以往这个职务都由总理担任）。从 2012 年到 2016 年底，中央财经领导小组共召开十四次会议，相比之下，中央全面深化改革领导小组的会议频率更高、人员范围更广、协调力度更大。世界各国的历史表明，改革总是有阻力，总是需要付出代价。相比于西方国家“三权分立”体制或者多党制的选举体制，没有几个政治家敢于将改革真正付诸行动。而中国的中央全面深化改革领导小组和中央财经领导小组在改革决策过程中能达成共识，下大力气有效推行改革。

有效的政府必然是一个廉洁、便民的政府。享誉世界的秘鲁著名经济学家赫尔南多·德·索托在其名著《资本的秘密》中举过这样一个例子：很多欠发达地区不是缺少资本，而是烦琐的手续阻碍了资本的流动和信用的产生，比如在秘鲁如果要申请经营一家小企业，他的研究团队就需要每天花 6 小时从事申请工作，289 天之后才能把企业登记注册下来，尽管这家企业只需一名工人就可以经营，办理注册登记却要花费 1 231 美元，是工人最低月薪的 31 倍。因此，要提高市场机制对于经济活动的有效调节，必须最大程度减少政府对于微观事务的管理①。简政放权是转变政府职能的有力体现，也是全能型政府

---

① 索托. 资本的秘密. 南京：江苏人民出版社，2001：18.

向服务型政府转变的重要方面。2013 年以来，国务院共取消和下放了 800 多项行政审批事项，国家投资项目实现了在线审批“一条龙”服务；中央层面核准投资项目累计减少了 76%；工商登记开始实行“先照后证”，企业注册实行“三证合一”，企业办理营业执照的前置审批事项有 85%改为后置审批事项。同时，国务院大力推行权力清单、责任清单、负面清单制度，让每一项权力都晒在阳光之下，以此促进简政放权，提高政府运作效率。中央机构编制委员会办公室 2016 年 1 月统计的数据显示：全国 31 个省份已全部公布省级政府部门权力清单，其中 24 个省份公布了责任清单，17 个省份公布了市县两级政府部门的权力清单和责任清单①。

经济增长和政治稳定是世界所有国家的目标和期望，但是两者的关系却不一定相辅相成，这成为发展政治学和发展经济学研究的核心问题之一。亨廷顿的著作《变化社会中的政治秩序》是这一领域的经典，其学生福山在其《政治秩序的起源》一书中又提出了良好的政治秩序的三个基本要素：强大的国家、法治和负责制政府。这些理论能否用来解释鸦片战争以来中华民族救亡图存、新中国成立之后中国共产党寻求富强以及改革开放以来中国共产党力挽狂澜的历史进程，还需要进一步推敲和论证。在较短时间内，党的十八大以来中国共产党担当起经济转型和改革的重任，建设了一个强大的国家，形成了一个有为的执政党和有效的政府，这必将为“发展型国家”的中国模式提供新的实践支撑。

五、中国经济发展的战略和战术

战略问题是一个政党、一个国家的根本性问题。新一届中央领导

---

① 促进简政放权　完善运行机制　全国省级政府部门权力清单全部公布．人民日报，2016-01-29 (1).

集体形成之后，战略思维成为反复提及的词汇。十八大以来，中国共产党逐渐提出了中国经济发展的战略布局。在目标上，中国共产党提出中华民族伟大复兴的“中国梦”和“两个一百年”的奋斗目标，随后又提出“中国制造 2025”和国家创新驱动发展的“三步走”战略使奋斗目标得以强化。在经济新常态下，对内我国通过京津冀协同发展、长江经济带、供给侧结构性改革、“十三五”规划、五大发展理念等引领全面深化改革；对外通过上海等省市的自贸区建设、“一带一路”建设和全球经济治理理念将我国对外开放事业不断推向前进。

天津自由贸易试验区

从现代化理论、政治发展理论到“发展型政府”理论，只是在理念层面指出了方向，在实践过程中如何执行则需要政治智慧。党的十八大以来，中国在经济发展，特别是在全面深化改革过程中形成了一系列充满政治智慧的实践经验和战术总结，如“稳中求进”“战略定力”“问题导向”“底线思维”“钉钉子精神”“一步一个脚印”等。

近年来，中国共产党在经济发展上面临新一轮的机遇和挑战，“中国崩溃论”又此起彼伏。《孟子・告子下》中提道：“生于忧患，死于安乐”。中国共产党的历史也证明，每当面临着重大挑战的时候，也恰恰是它的重大机遇期。压力越大，革新的动力也就越大。在经济新常态下，中国共产党走出了继续改革、持续创新、推进开放的三步棋。在战略和战术相互配合下，中国经济必有光明前景。

（程熙）

China's **Governance**

第 6 章

政府与社会：社会治理的多维度

6

政府与社会：社会治理的多维度

对于一个未深入了解中国的外国人来说，很容易从各式各样的媒体报道中获得对于中国社会的某种错误印象：或是“防火墙”高筑，民众噤若寒蝉；或是“群体性事件”此起彼伏，警察和军队四处“维稳”。事实上，任何一种片面的观察和观点都不足以描述中国社会转型和社会治理的全貌。身处剧烈变迁的历史时期，面对特殊而复杂的国情，中国社会治理的难度举世罕见。那么，应该如何理解中国社会治理的历史和现状，客观、准确地把握中国政府与社会的关系呢？

一、变迁中的中国社会

有史以来，中国社会经历了深刻的变迁，在不同阶段，社会治理的结构和方式也表现出非常不同的特点。

（一）“皇权不下县”：传统中国社会治理

传统中国的治理结构分为两个不同部分：县级以上是由皇权控制的官治系统，县级以下则是由地方宗族长老或乡绅控制的地方自治系统，也就是社会学领域所提的“皇权不下县”。宗族领袖或乡绅大多生活在地方，拥有较高的社会权威和人际声望，在他们所生活的区域内行使着道德教化、争讼裁决等实际权力，保障着地方社会的日常运行。《周礼》中已有“五家为比，十家为联；五人为伍，十人为联；四闾为族，八闾为联；使之相保相受，刑罚庆赏，相及相共，以受邦职，以役国事，以相葬埋”的论述。

孟子所描述的“乡田同井，出入相友，守望相助，疾病相扶持”也是后人乐于称道的。在族长和乡绅的主持下，基层社会形成了一个集教化、治安、社会互助为一体的治理体系，能较好地处理包括财产、教育、风俗、劝农、卫生、保卫、道路等方面的事项。因此，对于基层社会而言，皇权具有文化象征意义，地方士绅则具有实质的管辖意义。虽然乡绅或族长不具有官方身份，但皇权总是通过这些地方权威

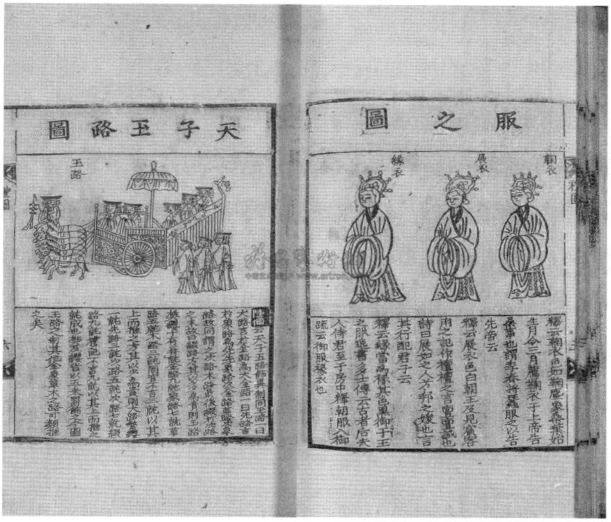

《周礼》

进行统治，而不是企图取代他们来直接治理地方社会。在治理的细节方面，国家也未能推行统一的治理规则，地方根据自身情况可以对中央政府的政策进行“因地制宜”的改造，以使其适合本地情况。

这种治理的格局存续了几千年，却在近代发生了变化。近代以来，为了应对战乱，国家必须扩大征兵，并设法增加农业税收入，因此，国家对基层社会的渗透和动员能力迅速增强，通过设置一系列机构，使地方权威逐渐转为服务于国家征兵和收税等目的的组织机构。这一地方权威的“官僚化”进程改变了中国传统社会治理的结构，基层治理者与地方社会相互的关联也被逐渐瓦解。

（二）“单位制”：1949 年以后的中国社会治理

1949 年新中国成立之后，经过一系列社会主义改造，中国社会的治理结构再次被重组。大量新的国家行政组织、企事业组织、农业生产组织及群众组织建立起来，它们被中国人称为“单位”。在城市，这些“单位”主要是指事业机构或企业组织；在乡村，它们是指人民公社、生产大队和行政村。人们在“单位”中生产和生活，并获得公共资源。“单位”对其成员负有全面责任，成为国家和社会成员之间联系的中间组织。就这一时期而言，“单位”是社会治理实际上的执行者。多数社会问题在“单位”得到解决，或者由政府送回“单位”处理。政府的工作原则也是“对组织不对个人”，政府“治理”的对象是单位组织，而不是单个的社会成员。以“单位制”为核心的社会治理结构一直持续到了20世纪90年代。

（三）转型与挑战：90年代以来的中国社会治理

改革开放以前，人们习惯于使用“阶级”一词来区分国家的统治阶级与被统治阶级，“人民”是一个高度统一、高度一致的群体。改革开放以后，随着经济领域的深刻变革，中国社会也发生了巨大的变迁和转型。从计划经济体制变为市场经济体制，从单一所有制结构变为以公有制为主体，多种所有制经济共同发展的所有制结构，市场化改革催生了各式各样的市场主体，也促使整个社会成员的利益不断分化，利益结构日趋多元。一场市场化的改革使得中国人民内部产生了不同的利益群体、不同的阶层，地区之间、城乡之间发展的差距以及社会成员之间收入分配的差距也开始不断加大。因此，如何去协调这些不同群体的利益和诉求，如何去形成新的利益分配和协调机制，便成为一个至关重要的问题。

市场化的改革也使得原来人们工作生活的基本社会单元发生了剧变。随着农村人民公社的解体和城市公有制企业的改制，传统的社会组织单元发生了实质性变化，大量农村剩余劳动力转移到城市，城市中的大量人口也开始在单位之外，融入新的团体、社区。这一社会基本单元的变化所带来的挑战可能是多方面的。无论是劳动力大量流出的农村，还是拥有众多非本地户籍人口的城市，或是城市中脱离“单位”管理的社会群体，如何为他们建立新的就业、教育、救助、福利保障制度等，都变成了一个新的、系统性的工程。

与社会利益分化、社会形态变迁相伴随的是社会问题的多发、频发、突发。今天的中国，“群体性事件”已经成为新闻报道和学术研究中的高频词，它们主要集中在土地征用、工资福利、房屋拆迁、法律诉讼等相关的领域中。一些研究中国问题的学者把“群体性事件”背后所反映的矛盾归纳为四个主要类型：一是高低收入群体之间的分配矛盾，二是农民和市民的矛盾，三是劳资双方的矛盾，四是干群矛盾。这四个方面在本质上是有联系的，共同预示着社会转型期的问题多发、矛盾增加、风险积聚。与社会的急速变化相比，政府的治理能力则显得较为薄弱和滞后。长期以来，因为追求经济增长，以 GDP 为导向的政府绩效评价体制严重影响了政府在社会治理层面的职能的发挥，导致社会发展严重滞后于经济发展，社会问题和矛盾突出。

二、从“维稳”到社会治理

（一）“找回社会”

如果对 1949 年之后的中国现代化进程进行一个归纳，大概可以分为两个大的阶段：第一个阶段，在生产力极为落后的情况下，中国遇到的挑战是怎样发展生产力，怎样快速实现人民富裕，并建立与资本主义国家的比较优势。中国应对这次挑战的方法是将政府和市场分离开来，打破市场经济与资本主义的必然关联，在社会主义国家建立了社会主义市场经济体制；第二个阶段的挑战则在于，由于市场化进程加快带来了巨大利益分化和差异，同时又缺乏解决利益冲突的渠道，致使社会不公平、不信任等各种问题迅速呈现出来。这一阶段正是波兰尼笔下“大转型”的中国版本，“群体性事件”事实上也在一定程度上成为弱小的社会面对资本和权力的一种自我保护的表现。因此，第二阶段所面临的是在实行市场经济的社会主义国家如何解决社会公平问题。为了应对这一挑战，中国就需要再次“找回社会”。

（二）告别单一“维稳”

如何“找回社会”呢？这不是一个可以简单解决的问题。当“和谐社会”一词最早出现在国家文件中时，人们并不清楚它的具体政策指向，它只是告诉人们，目前的社会存在一些不和谐的因素。不和谐因素的表现有哪些？原因是什么？怎样去解决它？在此后的时间里，这一系列问题才被一一追问，逐渐厘清。“找回社会”，不仅要解决显而易见的社会问题，更要推动社会深层次的改革和发展。

应该说，随着社会问题的日渐突出，中国的社会治理经历了一个从大力“维稳”，到告别单一“维稳”，进而提出创新社会管理的过程。市场化改革进入一定阶段后，随着社会抗议和暴力事件的不断增加，社会各种不稳定因素日渐凸显，为了应对这些问题，从中央到地方建立起了庞大的“维稳”系统，各级政府把“维稳”提高到政治任务的高度。但很显然，仅仅靠“维稳”不仅成本极高，而且往往造成越维越不稳的局面。一味“维稳”，民众反而“信访不信法”，更倾向于选择政治化途径而不是法律的途径来解决问题。正像中国有句俗语所说，“头痛医头，脚痛医脚，按下葫芦浮起瓢”。因此，执政党逐渐认识到对单一“维稳”思维进行修正是必要的。在这种情形下，中国政府提出了“社会管理”和“社会管理创新”的理念，希望通过多种方式创新社会管理的手段，并向法制的方向回归，实现社会管理从“刚性”向“柔性”的转变。与以往的“维稳”相比，社会管理创新更应该注重法律的手段，依靠组织、协调、引导、协商等方法，变单一控制为综合管理、变暴力强制为服务感化，变堵截民情为疏解民心，变事后的应急管理为事前的预警管理，疏导和化解各种社会矛盾和风险。

同时，中国政府也力图在更深层面解决社会问题。这其中首要的就是社会事业建设，也就是我们通常所说的“民生”问题，主要包括教育、医疗卫生、住房、社会保障等公共政策领域的问题。这些领域被认为是政府应该提供给民众的最基本公共服务，也是构筑社会公平和社会保障的基础。国家试图运用再分配手段对这些领域“去商品化”，保障人们拥有最起码的生存权和发展权。应该说，自从“和谐社会”概念被重新提出以来，在中共中央的会议和文件中，改善民生始终是社会建设的重点。

从数据看十年民生

十六大以来的十年，党中央坚持民生优先，把保障和改善民生作为一切工作的出发点和落脚点，使人民生活明显改善，人民群众享有的公共服务水平明显提高，全体人民切实共享改革发展成果。

1 亿人：就业新增人口过亿

2011 年末，我国城乡就业人数达到 76 420 万，比 2002 年增加 3 140 万。其中，城镇就业人数从 25 159 万增加到 35 914 万，增加超过 1 亿。

1.8 倍：城乡居民收入稳步增长

2011 年，城镇居民人均可支配收入 21 810 元，比 2002 年增长 1.8 倍，扣除价格因素，年均实际增长 9.2%；农村居民人均纯收入 6 977 元，也比 2002 年增长 1.8 倍，年均实际增长 8.1%。

92%：大幅提高扶贫标准　最低生活保障实现全覆盖

最低生活保障制度实现全覆盖，城乡社会救助体系基本建立。截至 2011 年末，2 277 万城市居民、5 306 万农村居民得到了政府最低生活保障。2011 年末，全国城镇职工基本养老、医疗、失业、工伤、生育保险的参保人数分别达到 2.83 亿、4.73 亿、1.43 亿、1.76 亿和 1.38 亿。

4%：加强教育重在落实

全面实行城乡免费义务教育，教育公平迈出重大步伐；国民受教育程度大幅度提升，国民平均受教育年限达到 9 年以上；职业教育快速发展，2011 年，各类中等职业教育招生 809 万人，在校生 2 197 万人；高等教育大众化程度进一步提高。2011 年，全国普通高等教育本专科招生 682 万人，在校生 2 309 万人，毕业生 608 万人，分别比 2002 年增加了 361 万、1 405 万和 475 万人。

13 亿人：全民医保体系初步形成

到 2012 年，全民医保体系初步形成，13 亿人参保，基本医保已覆盖 96%的人群。到 2011 年末，全国共有医疗卫生机构 95 万个；共有卫生技术人员 620 万人，比 2002 年增加 193 万人。其中执业（助理）

医师247万人，注册护士224万人，分别增加了62万和100万人；共有医院卫生机构床位516万张，增加202万张。

2 200万户：向“住有所居”目标迈进

到2010年底，全国累计解决了近2 200万户城镇低收入和部分中等偏下收入家庭的住房困难，还有近400万户城镇低收入住房困难家庭享受廉租住房租赁补贴。保障房建设大规模推进。

350万公里：公路连通村村寨寨

农村公路通车里程超350万公里，东部和中部“村村通”公路目标已经实现，西部98%的行政村通了公路。从2002年到2011年，我国公路总里程由176.52万公里增长到410.64万公里，其中高速公路由2.51万公里猛增至8.49万公里，跃居世界第二位。高速公路网络建设加快推进，“五纵七横”12条国道主干线提前13年全部建成，西部开发8条省际通道基本贯通，一个覆盖城乡、便捷高效的公路交通网络初步形成。

67%：安全生产事故逐年下降

从2002年至2011年，全国各类生产安全事故起数和死亡人数连续“双降”，事故起数和死亡人数从2002年的107万和14万下降到2011年的35万和75 572，分别下降67%和46%。

资料来源：从数据看十六大以来十年间的民生保障和改善情况. 新华网，2012-08-13.

（三）“社会治理”理念的提出

民生政策的优化和管理方法的创新似乎仍不足以解决中国的社会问题，中国共产党逐渐认识到，社会问题必须放在体制改革的框架当中思考（见表6-1）。随着党的十八大提出“国家治理体系和治理能力现代化”，社会管理开始转向社会治理。这一提法虽然只有一字之差，却是一次巨大的理念进步。在重新定义的“社会治理”中，社会治理的主体实现了从一元到多元的转变，除了政府外，企业组织、社会组织和居民自治组织等也成为社会治理的主体。党的十六届四中全会提出要“建立健全党委领导、政府负责、社会协同、公众参与的社会管理格局”。多元的社会治理首先需要一个有良好的自我管理能力的社会。这就需要政府把一些社会可以自我管理的领域开放给社会，培育社会自我管理的能力。社会的自我管理尤其需要两个方面的努力：一是社会组织建设。中共十七大报告中第一次使用了“社会组织”一词。社会组织是人们参与社会、反映自身利益诉求的媒介，也是社会自我管理的载体。二是基层自治。无论是在城市还是在农村，人们所居住的单元是彼此生活的共同空间，是一个经济和文化的联合体，能否在这个空间里实现良好的自我管理，是衡量社会发展程度的标尺。此外，多元的社会治理也需要政府和社会之间能建立起良好的伙伴关系。在社会问题已经堆积很多的情况下，就必须要有一份改革的清单，能够厘清到底哪些是政府必须承担的、哪些是社会也可以参与的。比如，社会保障、医疗、公租房、教育这些是政府要做的，但在具体操作上也可以委托给社会。这种合作关系目前越来越受到政府的重视，成为多元治理的一个重要方面。

表 6-1　　中共中央重要会议和文件中关于社会建设的若干表述

2002 年	十六大	首次提出要使社会变得更加和谐
2004 年	十六届四中全会	明确提出了建设社会主义和谐社会的目标。首次提出要“建立健全党委领导、政府负责、社会协同、公众参与的社会管理格局”
2006 年	十六届六中全会	第一次提出“社会和谐是中国特色社会主义的本质属性”
2007 年	十七大	将社会建设单设一节，与经济、政治、文化建设并列，强调要加强以民生为重点的社会建设。提出：“要健全党委领导、政府负责、社会协同、公众参与的社会管理格局，健全基层社会管理体制。”并在全国确定 35 个社会管理创新综合试点
2010 年	十七届五中全会	“加强社会建设，建立健全基本公共服务体系”，从促进就业、调整收入分配、建立社会保障体系、卫生事业改革、人口工作、加强和创新社会管理等六个方面阐述了社会建设的任务

2012 年	十八大	将社会建设与经济建设、政治建设、文化建设、生态文明建设一起确立为“五位一体”总体格局
2013 年	十八届三中全会	要求创新社会治理，并从改进社会治理方式、激发社会组织活力、创新有效预防和化解社会矛盾体制、健全公共安全体系四个方面提出了原则性要求
2014 年	十八届四中全会	提出要坚持系统治理、依法治理、综合治理、源头治理，提高社会治理法治化水平
2015 年	十八届五中全会	提出要加强和创新社会治理，完善“党委领导、政府主导、社会协同、公众参与、法治保障”的社会治理体制，推进社会治理精细化，构建全民共建共享的社会治理格局

资料来源：根据十六大以来党和国家重要文件内容节选整理。

总体而言，“找回社会”是政府和民众共同面对自改革开放以来伴随经济的快速增长而引发的一些社会问题，如腐败、唯 GDP 主义、民众对政府缺乏问责、社会不公等，所形成的新一轮的改革共识。社会建设的重点一开始集中于改善民生，而改善民生的关节点又在于突破旧有体制的各种瓶颈，也就是明确国家中政府、市场、社会组织各自的职能划分，改变社会管理、公共服务和解决社会问题的方法与制度安排。这样，“找回社会”的过程从改进社会公共政策深入改革社会体制，从改变政府施政重点深入转变政府行为方式，进而改善政府与社会的关系。正像改革开放厘清了政府和市场的关系一样，“社会治理”也将有助于中国一步步厘清政府和社会的关系。

三、中国当前的社会治理

要理解当前中国社会治理的基本逻辑和思路，就必须理解中国社会治理的一些主要举措。这些举措包括公民参与、社会组织、基层自治、社会矛盾调节、国家安全保障等方面。我们需要逐一了解中国在这些方面做了哪些事情，是如何做的，成效如何，还有哪些方面仍然存在争论，以及中国社会治理未来的发展方向在哪里。

（一）转变社会治理方式

对于中国的社会治理而言，有三个概念至关重要：共治、法治和德治。

首先，在社会治理的主体上强调多元社会主体共同参与。现代政府如果“单打独斗”，就会不适应公共服务需求多样化、社会问题复杂化的新形势，因此，只有政府与社会分工负责、进行良性互动，才能实现优势互补，共同治理好社会。因此，中国政府也正在以开放的心态和宽广的胸襟平等地对待各类社会主体，并尝试通过市场机制吸纳社会力量来共同破解社会治理难题。党的十八届五中全会提出了“构建全民共建共享的社会治理格局”，同时通过的“十三五”规划中阐释了“党委领导、政府主导、社会协同、公众参与、法治保障”的社会治理体制，并指出执政党发挥政治领导作用，政府发挥主导作用，鼓励和支持社会各方面广泛参与，实现政府治理和社会自我调节、居民自治的良性互动。其中，重点强调了要更好地动员社会组织和人民群众的力量参与社会治理，实现社会事务的社会治理。

其次，在社会治理的方式方法上，强调法治和德治的结合。中国政府一直强调依法治国的基本理念，运用法治思维和法治方式化解社会矛盾被视为社会治理基本原则之一。其中，尤其强调要善于运用法治思维使得社会成员的行为更有预期，社会管理的过程更加公开，社会治理的责任更加明晰。同时，强调善于运用法律的方式把社会治理的难题转化为执法和司法问题加以解决。但与此同时，德治始终是社会治理这枚“硬币”的另一面。中国传统文化讲“治心为上”，治理的最高境界是对人心的、内在的治理，即通过对人心的、内在的治理实现社会成员自我约束，而不是通过外在的制度约束。因这一“治心”文化，中国人始终相信要以道德滋养法治精神，强化道德对法治文化的支撑作用，并最终使得法律和道德相得益彰。因此，中国政府强调依法治国和以德治国相结合的原则，强调“强化道德约束，规范社会行为，调节利益关系，协调社会关系，解决社会问题”[①]。这实际上就是重视发挥社会潜在的道德、习俗等内在规范的作用，从源头上缓解社会问题。法治和德治相结合的治理方式也使得中国当前社会治理方式向更加精细化的方向发展，力图避免简单粗暴、大而化之。

（二）扩大公民参与

中国共产党一直把“群众价值观”视为其执政的一项重要原则。“群众路线”是中国共产党取得政权的三大“法宝”之一。“中共历届领导人在总结经验时都反复强调，什么时候党与人民的联系紧密了，党的事业就会成功；什么时候党脱离人民了，其事业就会遭致失败。”[②] 今天，“群众价值观”在中国政治生活中的重要性丝毫没有减弱，是否坚持群众路线被认为是决定党是否能长期执政的重要因素，能否联系群众也被当作评价各级干部党性修养的重要标尺。不可否认，“群众价值观”是一种民意政治，它强调民意是执政的合法性基础。

改革开放的过程，实际上是社会矛盾日益多样，民意不断高涨、公民意识不断增强的过程。人们经常把 2003 年发生的“孙志刚事件”作为中国公民出场的标志。在这个事件中，学者、法律人、媒体人和网民通过诉诸民主法治程序、依托公共舆论，并自行组织起来，采取行动以求维护宪法赋予公民的权利，最终促成了原有不合理法律和制度的改变。这个事件并不是偶然和孤立的，它是改革开放以来，社会转型、公民意识复苏的一种体现。在此之后的十几年中，“公民”陆续登场，越来越多的人以公民的身份和姿态，勇敢地伸张和捍卫自己的权利。“公民维权”成为转型时期中国政治生活的一个重要标签。公民维权行为也主要集中在如非法征地、拆迁、环境污染、社会不

---

① 中共中央关于全面深化改革若干重大问题的决定.（2013-11-15）. http://www.gov.cn/jrzg/2013-11/15/content_2528179.htm.

② 俞可平. 民主还是民粹：中国的民意政治. 中国治理评论，2014（1）.

公、腐败、司法纠纷等典型领域。

今天中国的公民表达和公众参与呈现出一些新的特点：第一，公民表达和公众参与开始大量出现。在许多维权案例中，公民因为权益受到侵害而以个人或自组织的方式来进行表达和参与。第二，公众表达诉求的渠道大大增多。尤其是随着互联网的普及，公众更多地利用手机和互联网等新媒体表达诉求。第三，公众对政府的问责意识增强，公众对公权力设定了更高的标准，对公权力的滥用和低效也不再盲目地忍受和漠视。政府部门的官僚作风、公费吃喝、面子工程、公车私用等现象，人大代表缺席会议，会上睡觉、发表不当言论等行为，都会引发民众的激烈批评。

为了增强对社会的回应能力，容纳公民广泛深入地参与中国治理，中国正致力于建立更为通畅的民意表达渠道和民主决策程序。近年来，中国逐渐探索形成了丰富多样的民意渠道，如“信访”“听证会”“恳谈会”和“网络问政”等，这些都是现有体制对日益高涨的民意的一种调试。可以说，今天的中国，越来越清晰的公民形象和概念正在形成，这也应该被看作近几十年来中国社会最深刻的变化之一。

(三) 激发社会组织活力

社会组织是现代社会治理不可或缺的一支力量。自20世纪90年代以来，中国社会组织呈现出蓬勃发展之势。根据2016年5月1日民政部发布的数据，截至2016年一季度，全国经民政部门登记的社会组织有66.48万个，其中社会团体32.9万个，民办非企业单位33.1万个，基金会4 841个。这些组织几乎覆盖了科技、教育、文化、卫生、劳动、民政、体育、环保、法律、慈善等各个领域。

今天的中国，社会组织在经济、政治、社会和文化生活中都在发挥着日益重要的作用。在经济方面，社会组织已经成为吸纳就业人员的一个重要蓄水池。不仅如此，社会组织对零就业家庭成员、失地人员、残障人员等就业困难群体也发挥了积极的扶助作用，已逐渐成为解决就业和提供创业平台的重要渠道。同时，社会组织也在食品安全、假冒伪劣产品生产、医患冲突等市场问题突出的方面，通过参与市场监管，对推动建立行业规范和社会信用体系发挥了重要的作用，显示了社会组织在政府和市场“双失灵”的情况下解决问题的能力和潜质。在政治方面，社会组织也已经成为公民参与社会公共事务的重要渠道，对各级政府的决策也正在产生影响，有力地推动着政府决策的科学化和民主化。近年来，许多地方的社会组织也开始承担部分政府的公共服务，为提升公共服务的质量做出了贡献。在社会方面，社会组织所参与的领域主要集中在弱势群体保护、社会事业、公益慈善、社区服务、扶贫济困和环境保护六个方面。在公益方面，各类社会组织一直承担着扶贫济困，促进慈善事业的重任。例如，在2008年的汶川大地震中，大量社会组织第一时间投入救灾的各个环节，在抢险救灾和灾后重建中起到了重要的作用。这次地震使得社会组织在公众心中留下了深刻的印象，政府对社会组织也有了全新的认识，并在此后的几次自然灾害救助中与社会组织开展了具有实质性意义的合作。因此，2008年也被定义为中国的公益元年。在国际舞台上，中国的民间组织也开始“走出去”。例如，中国扶贫基金会在发展中国家国际援助方面投入资金及物资共约1.12亿元，项目已经覆盖16个国家和地区，成为值得尊敬的国际公益平台。

当前，中国正在探索从简政放权和行政审批改革两方面推进改革，以进一步激活社会组织的力量。一方面，通过改革现行的登记许可制度，逐步减少审批程序，降低社会组织的准入门槛，为社会组织的成长创造一个宽松的环境；另一方面，通过取消业务主管行政部门对社会组织的管理权限，使得社会组织在人、财、物等方面进一步和政府相对分离。西方国家的新公共管理运动曾经提出“重塑政府”的口号，强调政府在改革中逐步“放权”，将“做不好”“市场不愿意做”的公共事务转移给社会组织，为其发展提供了广阔空间。今天的中国政府也正在通过购买第三方服务、订立行政合同等方式将社会服务、医疗、教育、帮残助弱、环境保护、公民教育、医疗服务等事务性、服务性工作交给社会组织来承担，并在日益广泛的领域主动与社会组织建立合作关系。可见，社会组织将在中国国家治理和人们的社会生活中发挥愈加重要的作用。

（四）发挥基层自治作用

新中国成立以来，基层自治就被作为社会主义民主的一种重要实现形式。现阶段，中国社会矛盾大多来自基层社会，因此，通过完善基层的民主自治制度来实现社会问题的自我解决，被认为是社会治理的重要一环。基层自治在中国主要体现为农村的村民自治和城市的社区居民自治两个方面。

虽然村民自治最早源于广西农民一项自发的试验，但它被广泛推广和制度化却是在国家主导下进行的。近年来，随着我国经济的发展和综合国力的提升，国家发展战略也做出重大调整，我国开始进入工业“反哺”农业的时期。政府先后推出了城乡一体化、废除农业税、建设新农村等措施，农村发展的外部环境得到了根本性的转变。然而，要恢复农村的生机与活力，仅仅将更多资源投入农村是不够的。随着市场化、城镇化的快速发展，单靠政府来管理农村社会的模式成本太高、负荷太重，效果也不尽如人意。因此，通过重新激活村民自治制度来恢复农村社会自身的活力就变得更为重要。2014 年、2015 年的中央一号文件都提出“探索不同情况下村民自治的有效实现形式”，以促进农村社会发展。这实际上也反映出国家对农村发展和农村社会治理的思路发生了较大的转变。

近年来，我们已经看到这方面的一些有效实践。例如，在一些地方，村庄的自治单元开始出现了从行政村向自然村，甚至有向更小范围回归的趋势。比如，现有很多村委会都是经历几次合并之后形成的，这种村庄一般范围较大，村民自治难以开展，因此这些村庄的村民自治再度在自然村这个层面活跃起来；南方一些长期以村民小组为集体所有制单元的村落，村民小组则成为实行自治的单元；广东、广西、湖北、安徽等地，也先后出现了村委会以下的多种村民自治形式。除了自治单元的下沉之外，制度的创新也增强了自治的效果。一些地方推出村党支部选举的“两票制”，或是村委会与党支部的联席会议制度、村两委会成员的交叉任职制度等，都在处理村民自治组织和基层党支部关系方面取得了不错的成效；还有一些地方试点成立镇、村、组“三级理事会”，由理事会组织实施村庄“一事一议”，也为村民真正参与村庄公共事务提供了可行的路径。除此之外，许多村庄也开始将中华优秀传统文化、道德习俗等重新作为村民自治的文化资源，寻找更多自治的有效途径，例如一些村庄通过订立村民自己的“村规民约”，来规范环境卫生、村风民俗、纠纷调解等法律难以涉及的具体村庄事务，这种规约往往更切实更细致，也更容易被认可和执行。

2012 年 3 月，湖南省洞口县石江镇高家村
村民代表就建设村文化广场进行议事表决

尽管农村村民自治的空间仍然取决于政府和政党组织对于自身角色的界定，但将来中国的乡村治理一定会走向一个更加多元的、基于乡村自身传统和特点的治理模式。这种多元治理结构的发展都意味着国家基础能力的增强，意味着国家与社会将朝向一个更好的方向发展。

中国城市的基层自治比农村的村民自治起源更早，但发展却更晚。虽然早在 1949 年，杭州市就通过选举产生了第一批群众性自治组织试点——居民委员会，并在随后的几年中在全国普遍推行，但居委会实则在街道办事处的监督指导下运行，政党和行政的力量在街区处于主导地位。从 60 年代开始，“城市单位制社会”开始形成，街道资源大幅度纳入单位，街道和居委会成为辅助性机构。“文化大革命”时期，街居的功能被进一步弱化。事实上，社区建设的真正发展和突破是从 90 年代才开始的。当时，经济社会的改革和变迁迅速改变了城市居民区的结构，使得社区变成城市基层治理的一个基本单元。此后，社区的理念不断被强化，按照政企、政事、政社分开的原则，街道办事处逐步将原本属于社区的部分管理职能归还给社区自治组织和其他民间组织。

今天，如何理顺街道办事处与社区的职能关系仍然是人们广泛讨论的话题，许多地方都在对这个问题进行创新和探索。一些地方通过设立“社区工作站”来使社区居委会的行政事务保持相对独立，使居委会能专心从事本社区的自治性工作；另一些地方则通过缩减“街道”这一层级，根据城市交通、居住环境、人口数量等情况，撤销或减少街道办事处，把原来较小的社区整合成更大的社区，把原来的“市—区—街道—社区”四级管理结构调整为“市—区—社区”三级服务结构。

推进城市社区的民主管理和民主建设也是当前社区建设的一个重点。针对这些问题，许多社区也在摸索自己的一套做法，例如：通过居民代表评议社区居委会、社区居委会成员评议街道办事处等制度来监督居委会和街道，通过“居民代表大会”“社区议事协调会”“社区事务听证会”等协商议事性会议来提高居民的参与率，通过社区党务、居务、财务等信息公开制度提高社区管理的透明度，等等。这些具体的制度设计都使得自治能更好地被实现。

当前，以“业主委员会”为代表的公民组织正在成为城市社区治理的一个新生主体。在住房商品化和市场化的过程中，城市社区中出现了大批新的业主群体，他们的利益不能被包括居委会在内的任何组织所代表，于是，专门的业主利益组织——“业主委员会”就产生了。“业主委员会”帮助业主群体与建筑开发公司和物业公司进行博弈，维护业主的利益。由于业主委员会由业主大会以直选或普选的方式选举产生，直接代表其成员的利益，居民对这个组织往往具有较高的信任度。今天，在中国东南沿海的广州、深圳等地，业主委员会已经成为居民参与社区治理、维护自身权益的一个重要平台，也成为观察中国社区未来发展的一个窗口。

社会组织和专业社工人才的迅速发展也是中国城市基层社区治理中值得期待的一个方面。城市社会组织在近十年内成长迅速，已经可以部分地承接政府和居委会的职能，与政府建立合作关系，为居民提供更便捷、更专业的服务。同时，志愿者也成为社区自治中不可小觑的一股力量。根据民政部《2015 年社会服务发展统计公报》，全国共有社区居委会 10 万个，居民小组 134.7 万个，居委会成员 51.2 万人，社区志愿服务组织 9.6 万个。越来越多的社区开始强调社区、社会组织、社工人员的“联动效应”，即由社区提供平台，社会组织承接大量社会服务职能，同时发挥社工人员的专业优势，共同推动社区治理的完善，这也将是未来中国社区治理的一个发展方向。

不论是在农村还是在城市，中国共产党、政府、自治组织、社会组织和村民（居民）都是基层社会治理的几个主要力量。基层自治未来的发展仍依赖于政党和政府不断调整自身的角色定位，从而给自治和社会成长释放更多空间。但无论如何，通过合作、协商和伙伴关系，实现对基层公共事务的共同管理，无疑会是未来中国基层治理持续发展的方向。

（五）化解社会矛盾

当前中国正处于社会矛盾高发期，在党和政府近年来发布的关于社会治理的一系列文件中，预防和化解社会矛盾始终是一个重点内容。面对日益增多的社会矛盾和风险，中国近年来致力于把法治的功能与执政党的政治资源、社会主义制度的优越性更好地结合起来，来预防和化解社会矛盾。

化解社会矛盾的根本方法在于使改革惠及更多百姓，实现发展成果由人民共享。只有让广大民众从党和政府的方针政策中获得实惠，才能赢得民众的认同和拥护，为社会和谐稳定奠定坚实基础。因此，近年来执政党要求地方政府和各个部门树立把改革发展成果更多惠及百姓的理念，让民众从深化改革、推动发展中能感受和获得实实在在的好处。科学、民主的决策程序被认为是预防社会矛盾发生的另一个重要方面。中国近年来大力开展重大决策的社会稳定风险评估工作，建立评估机制和应急管理体系，规定凡是直接关系群众切身利益且涉及面广、容易引发不稳定问题的重大事项，都要把社会稳定风险评估作为前置程序。同时，在公共决策过程中，注重充分发挥协商民主的优势，通过公示、听证、对话、协商等方式加强与民众的沟通和协调，把社会稳定风险评估的过程变成倾听民意、化解民众忧虑、赢得群众支持的过程。

除此之外，掌握预防化解社会矛盾的主动权也被反复强调。在中央政府的要求下，各级政府建立了一套矛盾纠纷的排查、预警、化解和处置机制。其中，较有代表性的是浙江的诸暨市枫桥镇，这个镇依托基层组织，设置信息员，滚动排查社会矛盾，及时进行预警，做到"发现在早、防范在先、处置在小"，形成了一套行之有效的"枫桥经验"。在一些复杂的矛盾纠纷中，将人民调解、行政调解、司法调解三者结合起来，一项纠纷也通常可以通过调解、仲裁、行政裁决、行政复议、诉讼等多种方式得到解决。在这个过程中，人大代表、政协委员、律师、法律工作者等被吸收进来，提高了纠纷化解的权威性、公信力。此外，近年来，行政复议制度也正逐步完善，政府的违法或不当行政行为更多地得到纠正和查处。信访制度中越来越多的案件被移交到司法部门解决。

在预防和化解社会矛盾的过程中，基层党组织、社会组织、社会工作者等各方面力量都得到了广泛的动员。基层党组织被视为服务群众、凝聚人心、化解矛盾、促进和谐的坚强战斗堡垒。因此，基层党建，强调把乐于和善于做群众工作的优秀党员选拔到党支部书记岗位上。借助社会力量预防化解矛盾纠纷是成本较低且效果较好的一种方式，因此，在基层社会，政府强调要充分发挥群众自治组织的作用，努力让群众自己组织起来解决自己的问题，强调吸引培育更多的社会组织参与矛盾调解工作，发挥法学会、律师协会等社会组织的专业优势，动员组织法学法律工作者、律师积极参与矛盾纠纷预防化解工作。社区工作者、义工等社会志愿者队伍的作用同样得到重视，他们所活跃的城乡社区日益成为政府进行社会管理和维持社会和谐稳定的基础平台。

信息网络技术的发展使社会舆论环境发生了根本性的变革。中国政府也日益重视运用新的媒体平台引导和缓解社会情绪，运用传统媒体和互联网新媒体回应群众关切，增强宣传舆论工作的针对性、主动性，传播力、影响力。2016 年 10 月，国务院网络客户端推出“简政放权，我来@国务院”意见征集活动，该活动在全国4 000 多个省、市、县级的政务服务大厅同步启动，民众可以通过“@国务院”的方式，倾诉自己在办事创业的过程中遭遇的各种不便、困惑并且提出建议。政府部门则通过这种方式搜集民众意见，倾听民众呼声，多办便民之事。今天，从国务院到地方基层政府都开始重视加强民生服务网站、政务微博、政务微信的建设工作，为党和政府了解民意、化解民忧提供了新的渠道。

（六）保障公共安全

在倡导社会共享共治的同时，公共安全和国家安全领域仍然是中国政府非常强调的。“国泰民安”是中国人观念中关于善政良治的第一定义。为了在这个信息化、高风险的社会保证公共安全，中国致力于加强社会治理领域的基础性制度建设。这些基础性工程被认为是信息化时代实现国家治理体系和治理能力现代化的重要支撑。近年来，中国在这方面推出的最有代表性的两项措施是建立国家人口基础信息库和社会信用体系。人口基础信息库实现了公民身份号码的准确性和唯一性。通过国家人口信息管理系统的升级改造，居民第二代身份证的换发、异地办理和指纹信息登记，户口和身份证信息联网查询比对等，中国正逐步实现跨部门、跨地区的人口基本信息共享，强化了对于人口基础信息的掌握能力。社会信用体系则旨在增进社会诚信，发挥政府、市场、社会三方面的力量净化社会环境，倡导诚信文化。目前中国在这方面的具体做法包括：建立社会信用代码，推行手机号码、银行卡、网络实名制，建立违法犯罪记录与信用、职业准入挂钩制度，强化对守信者的鼓励和对失信者的惩戒等。这些制度的实施都大大增强了中国政府在公共安全治理领域中的风险防控能力。

在全球化、信息化的时代，面对日益严峻的国家安全形势，中国也非常重视制定和实施国家安全战略。一方面，中国通过设立国家安全委员会，初步建立了集中统一、高效权威的国家安全工作领导体制，将其作为国家安全事务的决策和协调中枢，研究制定、指导实施国家安全战略和相关方针政策，统筹协调国家安全重大事项和重要工作，增强自身在安全事务中的主动性、及时性、协调性；另一方面，通过订立《中华人民共和国国家安全法》，中国确立了总体国家安全观以及维护国家安全的各项制度。中国也正在致力于出台关于反恐、境外非政府组织管理、网络安全等方面的一系列法律法规，将法治贯穿于维护国家安全的全过程。按照《中华人民共和国国家安全法》的规定，中国将逐步建立和完善对影响国家安全投资、技术、产品和服务、建设项目以及重大事项和活动的安全审查，有效预防和化解国家安全风险。中国也将进一步依法防范和打击敌对势力活动、民族分裂活动、暴力恐怖活动、极端宗教活动等。中国政府始终声明坚决捍卫中国共产党的领导和中国特色社会主义制度，维护民族团结和国家统一，打击暴力恐怖活动，推动反恐国际合作，构筑全方位的反恐安全屏障。

四、国家与社会关系：强政府，强社会

政府和社会的关系到底应该往何处去？这是一个历久弥新的问题。在这个问题上，以现代西欧国家为代表的“小政府，大社会”模式曾在很长一段时间里被广泛推崇，这种模式也被认为是较好地实现

了西方古典自由主义的理论构想。在这种构想中，政府应该致力于改革自身体制，规制自身职能，力争成为“小政府”“管得少的政府”“守夜人政府”，从而为社会力量的成长和自治机能的增强提供足够的空间，实现治理的现代化。然而，根据不同国家的不同经验，“小政府”并没有想象中的那么美好，甚至“小政府”往往又会变成“弱政府”。特别是对于全球化背景下的大国治理而言，要保持国家对外独立自主，对内长治久安，首先必须要是“强政府”。

如果我们用一个坐标图来表明中国国家与社会的相对位置和强弱，那么，从 1949 年到改革开放前的这个时期，中国无疑应该处在“强政府，弱社会”这一象限。这一时期，政府大包大揽，权力的触角延伸到社会的方方面面，是一个全能型的政府，社会组织活动空间有限。政府和社会之间只有政府对社会的管理，而无政府与社会共同的治理。改革开放以后，随着市场化的发展和社会的成长，政府与社会的关系发生了深刻的变化。正像波兰尼所阐述的那样，市场化过程中产生的社会不公平、不稳定因素激发了社会自我保护的欲望，从而使“找回社会”成为新一轮的改革需求和共识。由民生领域开始的社会建设，逐步进入社会体制改革层面，除了将更多的资源通过再分配的方式投入公共服务和社会保障领域之外，政府也开始注重探索更多样、更柔性的社会管理方式，通过借力于公民和社会组织的力量，在农村和城市社区的层面调动多元主体形成共治的社会治理格局。

但同时，中国所要迈进的方向却也并不是简单的“小政府，大社会”。近 30 年以来，在中国经济快速发展和人口大规模迁移的背景下，强有力的国家能力无疑是社会稳步发展、国家内外有序的前提和基础。在今后的发展中，中国仍然要在保持强大国家能力的前提下，逐步释放社会活力。因此，中国想要走的道路是一条“强政府，强社会”的道路，这条道路需要国家和社会之间相互赋权：一方面，通过中国共产党强大的组织能力实现强有力的社会组织和动员；另一方面，在不削弱政府既有的强大自主性、社会控制能力和资源动员能力的基础上，逐步培育社会，做大、做强社会，使社会成为一个理性自律、自主自立、自助自治的社会，实现政府和社会的“双强”“互强”。中国迄今为止的发展历程和成就已经证明了，这条“在发展中保持稳定，在稳定中寻找活力”的道路是可行的、卓有成效的。

（黄晗）

后　记

伴随着中国的崛起，越来越多人对认识中国产生了兴趣。不少西方学者和政治家发现，用冷战时期的某些惯性思维和学说已经难以理解中国。这个奇特的国度，既与苏联模式有所区别，走出了一条符合自己特色的社会主义道路，又与东亚新兴工业国家治理模式有所区别，把党的领导和国家现代化治理有机结合在一起。对许多西方人来说，似乎难以理解中国人所说的“中国特色”到底是什么。本书试图勾勒出中国治理的大致轮廓，对中国治理经验进行总结和剖析，希望对客观理解“中国特色”有所帮助，也期待着更多的学者朋友们加入关于中国治理模式的对话。

作为一个有着 13 亿多人口的发展中大国，中国面临的治理问题对任何国家的政治领导人来说无疑都是棘手的。贫富差距的扩大、生态环境的恶化、贪污腐败和特权问题的暴露、司法公平面临的挑战、国际恐怖主义和极端势力的蔓延、霸权力量的遏制等，这些治理难题加上巨大人口规模，极大地增加了中国治理的复杂性和艰巨性。德国前总理赫穆尔特·施密特曾在一次访谈中说，“感谢上帝没有让我处在习近平的位置上。要同时做太多事情了”。中国治理的困难足以让世界上任何一个政党、任何一个政治家望而却步，若缺乏足够的政治智慧和责任担当，是难以应对好这些治理难题的。作为一个有着 13 亿多人口的大国，想发展就要靠自己苦干实干，不能将希望寄托于别人。

中国曾在历史上取得过辉煌的成就，有着深厚的传统积淀和丰富的治理经验。但近代工业革命以来，中国未能赶上世界经济发展的浪潮，不幸沦为半殖民地半封建国家，并被卷入世界列强主导的国际政治经济秩序之中，经历了苦痛、沉沦、彷徨。但是，中国人民前赴后继，从来没有停止过争取民族独立和国家富强的步伐。百余年来，中国人不断地试错和纠错，努力探索一条适合中国国情的发展道路。特别是通过 30 多年的改革开放，中国已成为世界第二大经济体。党的十八大以来，中国在此前 30 年多年不断改革的基础上，又推出了 1 200 多项改革举措，为中国发展注入了强大动力。这是一条从中国国情出发而确定的道路。中国立足自身国情和实践，从中华文明中汲取智慧，博采众长，使人民生活得到了极大改善，国家发展取得了巨大成就。

“小智治事，大智治制。”中国发展的成就是中国人民几十年含辛茹苦、流血流汗干出来的。中国人真诚地期待与世界各国交流治理经验。正如国家主席习近平在世界经济论坛 2017 年年会开幕式的演讲中指出：“观察中国发展，要看中国人民得到了什么收获，更要看中国人民付出了什么辛劳；要看中国取得了什么成就，更要看中国为世界作出了什么贡献。这才是全面的看法。”我们希望通过认真地总结中国已有的治理经验和模式，把中国治理所面临问题和解决问题的思路呈现给大家，为客观理解中国治理提供一种视角，也为进一步总结中国治理经验和完善中国治理的制度提供一个参考。

本书是集体合作的成果，北京大学政府管理学院燕继荣教授负责了前言和第四章，中共中央党校党建部的讲师郑寰负责了第一章，中共中央党校党建部张博负责了第二章，中央民族大学法学院讲师邵六益负责了第三章，上海市委党校党史党建部讲师程熙负责了第五章，首都师范大学政法学院讲师黄晗负责了第六章。在此也要感谢中国人民大学出版社政治与公共管理分社的编辑们，正因为他们严谨细致的编辑工作才使我们的书稿更加完善。当然，中国发展的成败得失远不是一本书可以讲清的，我们深知“盲人摸象”的道理，希望本书能够帮助读者更好地认识和理解中国。中国治理的经验与教训是一个开放性的话题，期待更多的朋友们加入其中。

2017 年 6 月

图书在版编目（CIP）数据

中国治理：东方大国的复兴之道/燕继荣等著. —北京：中国人民大学出版社，2017.6
（“认识中国·了解中国”书系）
“十三五”国家重点出版物出版规划项目
ISBN 978-7-300-24624-6

Ⅰ.①中… Ⅱ.①燕… Ⅲ.①国家-行政管理-研究-中国 Ⅳ.①D630.1

中国版本图书馆 CIP 数据核字（2017）第 151680 号

“十三五”国家重点出版物出版规划项目
“认识中国·了解中国”书系
中国治理：东方大国的复兴之道
燕继荣 等 著
Zhongguo Zhili：Dongfang Daguo de Fuxing zhi Dao

出版发行	中国人民大学出版社		
社　　址	北京中关村大街 31 号	**邮政编码**	100080
电　　话	010－62511242（总编室）		010－62511770（质管部）
	010－82501766（邮购部）		010－62514148（门市部）
	010－62515195（发行公司）		010－62515275（盗版举报）
网　　址	http://www.crup.com.cn		
经　　销	新华书店		
印　　刷	涿州市星河印刷有限公司		
开　　本	720 mm×1000 mm　1/16	**版　　次**	2017 年 6 月第 1 版
印　　张	9.25	**印　　次**	2024 年 6 月第 3 次印刷
字　　数	108 000	**定　　价**	76.00 元